Elke Pahud de Mortanges

Weiß ich, was ich glaube?
Das Credo heute leben

Elke Pahud de Mortanges

Weiß ich, was ich glaube?

Das Credo heute leben

echter

Für
Elisabeth Pfaff
Max Seckler
Aurélie

Bibliografische Information der Deutschen Nationalbibliothek
Die Deutsche Nationalbibliothek verzeichnet diese Publikation in der Deutschen Nationalbibliografie; detaillierte bibliografische Daten sind im Internet über ‹http://dnb.d-nb.de› abrufbar.

www.echter-verlag.de
Umschlag: wunderlichundweigand.de
Umschlagbild: © plainpicture / Millennium
Satz: Hain-Team, Bad Zwischenahn (www.hain-team.de)
Druck und Bindung: CPI – Clausen & Bosse, Leck
ISBN
978-3-429-03600-3 (Print)
978-3-429-04691-0 (PDF)
978-3-429-06090-9 (ePub)

Inhalt

Vorwort

Mit uns Theologieprofessoren ist es wie mit Vertretern anderer Wissenschaften auch, seien es Ärzte, Juristen oder Ökonomen. Wir schreiben (oder reden) klug daher und haben schnell mal auf alles eine Antwort parat. Dabei wissen doch alle – und wir selber am besten –, dass die vermeintlich glatten und einfachen Antworten, die zu geben wir gelernt haben, oft weder die anderen noch uns selber satt machen.

Als ich gefragt wurde, ob ich für das Katholische Sonntagsblatt der Diözese Rottenburg-Stuttgart im Sommer 2012 eine Serie über das Apostolische Glaubensbekenntnis schreiben wolle, war mir klar, dass ich mich nicht hinter einfachen Antworten und gängigen Floskeln im Kirchen- und Theologenjargon verstecken wollte. Denn der Name der Rubrik „Wissen und Glauben" war mir Programm. Zwei Dinge musste ich zusammenbringen. Zum einen: Was weiß ich als Theologin über das Credo? Wie kann ich verantwortet darüber Auskunft geben, so dass der Glaube der Kirche sichtbar wird? Zum anderen: Wie „bewohne" ich selber die Wissensantworten, die Kirche und Theologie geben? Inwiefern haben diese Wissensantworten mit meinem Leben als Mensch, als Ehefrau und Mutter, als Tochter und Urenkelin zu tun? Nährt sich das Wissen aus meinem Leben – und umgekehrt? Tun sich Abgründe zwischen beiden auf oder zeigen sich Spannungen? Gehe ich bisweilen eigene, andere Lebens- und Denkwege, nicht um vom Glauben der Kirche abzukommen, sondern um ihn für mich selber emotional und intellektuell bewohnbar zu machen?

Als die Serie erschien, war schnell klar: So manchem meiner Kollegen war sie etwas peinlich. „Bist du sicher, dass du *so* persönlich werden wolltest? War das nicht alles doch ein bisschen *zu* privat, das mit deiner Urgroßmutter, deiner Tochter und so?“ Zugegeben, es ist privat, ja. Doch wie anders können wir Theologen heute glaubwürdig sein, wenn wir nicht selber persönlich Flagge zeigen und Auskunft darüber geben, wie wir den Glauben der Kirche nicht nur mit unserem Intellekt im Haus der Wissenschaft sezieren, sondern ihn auch in unserem Leben bewohnen.

Der Echter Verlag hat sich auf diesen gewagten Blickwinkel eingelassen, mehr noch: Er konnte ihm so viel abgewinnen, dass die Serie nun auch als Buch erscheinen kann, wofür an dieser Stelle herzlich gedankt sei. Für den Druck wurde der Text zwar leicht überarbeitet und geringfügig erweitert. Die Struktur der Serie wurde aber beibehalten: In zehn Kapiteln wird Vers um Vers das Apostolische Glaubensbekenntnis vorgestellt und bedacht.

Dass ich meiner Urgroßmutter Elisabeth Pfaff auf meinem Weg ins Leben und in den Glauben viel verdanke und ebenso und auf ganz eigene Weise meiner Tochter Aurélie, das wird sich dem Leser unschwer erschließen. Dass ich meinem Doktorvater Max Seckler intellektuell und theologisch viel verdanke, das erschließt sich nur denen, die wie ich in seiner Denkschule gelernt haben, das Einmaleins des Glaubens zu buchstabieren. Von diesem Brot meiner frühen Tübinger Jahre zehre ich noch heute.

Greng, Januar 2013 — Elke Pahud de Mortanges

Das Apostolische Glaubenbekenntnis

Credo in Deum, Patrem omnipotentem, Creatorem caeli et terrae.	Ich glaube an Gott, den Vater, den Allmächtigen, den Schöpfer des Himmels und der Erde.
Et in Iesum Christum, Filium eius unicum, Dominum nostrum: qui conceptus est de Spiritu Sancto, natus ex Maria Virgine,	Und an Jesus Christus, seinen eingeborenen Sohn, unsern Herrn, empfangen durch den Heiligen Geist, geboren von der Jungfrau Maria,
passus sub Pontio Pilato, crucifixus, mortuus, et sepultus, descendit ad inferos:	gelitten unter Pontius Pilatus, gekreuzigt, gestorben und begraben, hinabgestiegen in das Reich des Todes,
tertia die resurrexit a mortuis; ascendit ad caelos; sedet ad dexteram Dei Patris omnipotentis:	am dritten Tage auferstanden von den Toten, aufgefahren in den Himmel; er sitzt zur Rechten Gottes, des allmächtigen Vaters;
inde venturus est iudicare vivos et mortuos.	von dort wird er kommen, zu richten die Lebenden und die Toten.
Credo in Spiritum Sanctum,	Ich glaube an den Heiligen Geist,
sanctam Ecclesiam catholicam, Sanctorum communionem, remissionem peccatorum, carnis resurrectionem, vitam aeternam. Amen.	die heilige katholische Kirche, Gemeinschaft der Heiligen, Vergebung der Sünden, Auferstehung der Toten und das ewige Leben. Amen.

1.
Das Apostolische Glaubensbekenntnis – oder: die Melodie des Sonntags

Hand aufs Herz – kennen Sie das Apostolische Glaubensbekenntnis? Hätte man meine Urgroßmutter gefragt, sie hätte nach kurzem Nachdenken und Zögern bestimmt den Kopf geschüttelt. Nein, das kenne sie nicht. Dabei kannte sie es auswendig, sagte es her, Vers um Vers, Sonntag für Sonntag, unbeirrt und mit großem Ernst, nach der Predigt des Pfarrers, im Chor mit allen anderen Kirchgängern. Ich stand als kleines Mädchen neben ihr in der Kirchenbank und war stolz, dass auch ich es sagen konnte, dieses „Etwas" mit seiner ganz eigenen Melodie, das einfach dazugehörte zum Sonntag und zur Messe. „Ich glaube an Gott, den Vater, den Allmächtigen …" Heute, im Jahr 2013, ist die Selbstverständlichkeit des Dahersagens meiner Urgroßmutter dahin. Meine eigene auch. Und die Ihre? Was es auf sich hat mit dem Apostolicum, woher es kommt und vor allem, was wir Christen sagen, wenn wir es hersagen, ob auswendig oder abgelesen, ob stehend oder sitzend – darüber will dieses Buch nachdenken. Dies im Wissen darum, dass es nicht nur in meinem eigenen, sondern auch im Leben der Kirche seinen Anfang nahm im Gottesdienst und seinen bleibenden Platz in der Liturgie des Sonntags und der Taufe hat.

Woher stammt es?

Das Apostolische Glaubensbekenntnis wurde weder von einem Papst noch von einem Konzil verordnet, auch nicht von einer Theologenkaste. Es ist einfach von Christen gebetet worden. Es ist ein Stück Gebetspraxis, wurde mündlich weitergegeben und irgendwann auch verschriftlicht. Seine Wurzeln lassen sich zurückverfolgen ins 3. Jahrhundert nach Christus, wo es in der römischen Ortsgemeinde seinen festen Platz in der Unterweisung der (erwachsenen) Täuflinge hatte. Was in der römischen Ortsgemeinde in Gebrauch war, das wurde im Frühmittelalter in Südwestgallien nachgesprochen und weitergeformt. Von dort gelangte es zurück nach Rom und wurde zum Bekenntnis der ganzen Kirche des Westens. Das geschah nicht ohne politisches Kalkül, war doch Kaiser Karl dem Großen im 9. Jahrhundert nach Christus an der Vereinheitlichung der Liturgie, aber auch der Kirche als Ganzer gelegen; so dass er kurzerhand das Apostolicum per Reichsgesetz für die Westkirche verbindlich machte.

(K)ein ökumenisches Bekenntnis?

Ein Reichsgesetz ist das Apostolicum schon lange nicht mehr. Doch eines der beiden Bekenntnisse der Kirchen des Westens ist es bis heute geblieben. Ob römisch-katholisch oder altkatholisch, ob anglikanisch oder evangelisch – in allen Kirchen der westlichen Tradition hat es seinen festen Platz. Man kann mit Fug und Recht behaupten, dass „getrennte christliche Konfessionen es gemeinsam bekennen“, weshalb es ein ökumenisches Bekenntnis heißen darf.

Doch halt. Was uns Christen im Westen eint, trennt uns formal vom Osten. Die Kirchen des Ostens haben eine ganz eigene Tradition, die mit dem Glaubensbekenntnis des Konzils von Nizäa (325) und Konstantinopel (381) verbunden ist, auf dessen Boden wir im Westen ebenso fest stehen. Um den dort formulierten Text vom Apostolicum zu unterscheiden, nennt man das erste bei uns das „Große", das zweite das „Kleine" Glaubensbekenntnis. 1438 erklärte der griechische Metropolit, die Kirche des Ostens kenne und anerkenne dieses „Kleine" Glaubensbekenntnis nicht, weil es eben im Osten nie in Gebrauch war. Sie müsse es auch deshalb ablehnen, weil es gar nicht von den Aposteln stamme.

Stammt das Apostolicum gar nicht von den Aposteln?

Der Presbyter Rufinus von Aquileja berichtet im 5. Jahrhundert nach Christus, die Apostel selber seien es gewesen, die sich nach Pfingsten auf das Apostolicum als „Sinnzeichen" für ihre Sendung zu den Völkern verständigt haben. Diese personelle Verankerung wurde in der Folge legendarisch weiter konkretisiert und ausgeschmückt: „Am zehnten Tage nach der Himmelfahrt (...) sandte der Herr ihnen den verheißenen Tröster. Bei seiner Herabkunft wurden sie entflammt (...) und (...) verfassten (...) das Glaubensbekenntnis. Petrus sagte: Ich glaube an Gott (...); Andreas sagte: und an Jesus Christus (...); Jakobus sagte: der empfangen wurde vom Heiligen Geist". Das ist eindeutig. Der auferstandene Christus hat jedem der Apostel einen Vers anvertraut. Das macht: zwölf Apostel, zwölf Verse. Am Beginn steht Petrus, am Schluss Matthias, der Judas Ischariot im Apostelkreis ersetzt.

Aber eben, die apostolische Urheberschaft des Apostolicums ist eine schöne, aber historisch falsche Legende. Hier haben die Kirchen des Ostens Recht. Doch die Legende hat ihre eigene Wahrheit jenseits des Historischen. Apostolisch ist das Glaubensbekenntnis nicht wegen seines historischen Ursprungs, wohl aber wegen seiner theologischen Qualität und Dignität. Ist es doch seinem inhaltlichen Profil nach Ausdruck dessen, was den Zeugen der allerersten Stunde wert und wichtig war. Was sie glaubten und vor allem, was sie beteten – wenn auch nicht genau in diesem Wortlaut.

Das wussten auch die Reformatoren Martin Luther, Johannes Calvin und Huldrych Zwingli, die dem Apostolicum trotz des (berechtigten) Zweifels an der apostolischen Verfasserschaft einen zentralen Stellenwert beimaßen. „Jedenfalls steht außer Frage, woran uns einzig und allein liegen muss: es gibt wirklich die ganze Geschichte, auf der unser Glaube ruht, deutlich und in guter Ordnung wieder, und es enthält nichts, was nicht durch unumstößliche Zeugnisse der heiligen Schrift klar bewiesen ist. Wenn man das anerkennt, so ist es nicht der Mühe wert, (...) die Wahrheit des Bekenntnisses von dessen Verfasserschaft abhängig zu machen“ (Calvin).

Eine gebrochene Hälfte

Das Apostolicum ist nicht nur zur Hälfte ein ökumenisches Bekenntnis. Es ist selber nur eine Hälfte, und zwar eine gebrochene. In seinem lateinischen Namen (symbolum) schwingt das griechische Wort „symballein" (Erkennungszeichen, Losung) ebenso mit wie der damit verbundene antike Brauch. Ein Ring, ein Stab, eine Tafel wurde in zwei Hälften gebrochen. Die eine Hälfte war Erkennungszeichen, Identitätskarte und Passepartout in einem. Hatte man die richtige Hälfte, die sich nahtlos an die andere fügte, war klar: Der Inhaber war berechtigt „zum Empfang einer Sache oder einfach der Gastfreundschaft".

Wenn das Apostolische Glaubensbekenntnis selber Symbolum heißt, dann bedeutet das: Unser Gebet ist unser Erkennungszeichen. Es weist uns als Christen aus. Und: Es ist eine Hälfte nur. Jeder Einzelne von uns, so formulierte es Papst Benedikt XVI., als er noch Joseph Ratzinger hieß und Theologieprofessor war, hat den Glauben nur als Symbolum in Händen, als eine gebrochene Hälfte. Und auch die Kirche(n) als Ganze(s) hat/haben den Glauben immer nur als gebrochene Hälfte. Der Glaube findet seine „Einheit und Ganzheit" nur im Zusammenlegen mit den anderen. Und so bleiben alle, wirklich alle in der Kirche aufeinander verwiesen. Denn nur zusammen haben wir den Glauben.

Das wird mir dann bewusst, wenn ich zwischen meinem reformierten Mann und meiner katholischen Tochter in der Kirchenbank stehe und mit ihnen zusammen dieses „Etwas" mit seiner ganz eigenen Melodie sagen kann, das ich an der Seite meiner Urgroßmutter gelernt habe.

Im Fokus

Das Apostolicum und die 12 Apostel

1	Ich glaube an Gott den Vater, den Allmächtigen, den Schöpfer des Himmels und der Erde	Petrus
2	Und an Jesus Christus, seinen eingeborenen Sohn, unseren Herrn	Andreas
3	Empfangen durch den Heiligen Geist, geboren von der Jungfrau Maria	Jakobus, Sohn des Zebedäus
4	Gelitten unter Pontius Pilatus, gekreuzigt und begraben	Johannes
5	Hinabgestiegen in das Reich des Todes, am dritten Tage auferstanden von den Toten	Thomas
6	Aufgefahren in den Himmel; er sitzt zur Rechten Gottes, des allmächtigen Vaters	Jakobus
7	Von dort wird er kommen, zu richten die Lebenden und die Toten	Phillippus
8	Und an den Heiligen Geist	Bartholomäus
9	Eine heilige katholische Kirche, Gemeinschaft der Heiligen	Matthäus
10	Vergebung der Sünden	Simon
11	Auferstehung der Toten	Thaddäus
12	Und das ewige Leben	Matthias

2.
Credo – Raum geben und Wurzeln schlagen

„Ich glaube“

Prüfungen sind so eine Sache. Mein Kirchengeschichtsprofessor an der Universität Tübingen pflegte in den achtziger Jahren dann, wenn er merkte, dass ein Kandidat offenkundig nicht seriös gelernt hatte und einfach nur so ins Blaue hinein etwas zusammenphantasierte, ganz brüsk und unvermittelt zu fragen: „Sagen Sie, wissen Sie das oder glauben Sie es nur?“ Wenn wir im Gottesdienst das Apostolische Glaubensbekenntnis beten, stehen wir dazu auf und heben an mit einem „Ich glaube“. Dieses ist nicht von jener Art des „Zusammenphantasierens“, des „Sich-nicht-wirklich-sicher-Seins“, des „Meinens“ und „Mutmaßens“, das besagter Professor meinte, wenn er uns Studierende in intellektueller Bedrängnis sah. Es ist nicht Halb-Wissen. Es ist nicht aus Verlegenheit geboren. Es ist ein ebenso selbstbewusstes wie aufrechtes „Ich glaube“. Es ist ein glauben, das seinen Grund hat und seine Gründe kennt.

Mit dem Herzen lernen

Um zu verstehen, was dieses „credo“ (ich glaube)“ meint, müssen wir zum Ursprung des Apostolicums zurückgehen. Wir erinnern uns: Es kommt aus der frühen (römischen) Gemeinde-Praxis, aus der Taufliturgie. Genauer: Es wurde dem (erwachsenen) Täufling in der Zeit des Katechumenats, also der Vorbereitung auf die Taufe, ausgehändigt. Er oder sie sollte es in seinem, in ihrem Herzen bewenden, um es dann bei der Taufe bekennen zu können. Dass wir selber es meist auch (noch) auswendig können, sagt – so verwunderlich das klingen mag – viel über die innere Beschaffenheit dieses „credo“ aus. Auswendig lernen heißt im Französischen „apprendre quelque chose par cœur“, was wörtlich übersetzt heißt: „etwas mit dem Herzen lernen“. Und auch das lateinische Wort für glauben („credere“) hat etwas mit dem Herzen zu tun. Es kommt von „cor dare“ und meint wörtlich übersetzt: „das Herz geben“. Beide, das Französische wie das Lateinische, lassen den tieferen Sinn dieses „glauben“ erkennen. „Ich glaube“ ist nicht vages Herbeten von Halb-Wissen. Es ist das Ergebnis eines ganz elementaren doppelten Vorgangs. „Ich glaube“ heißt so viel wie „Ich mache Platz in meinem Herzen“, „Ich gebe Raum in mir“, „Ich lasse zu, dass etwas Wurzeln schlägt in meinem Herzen“. Und auch das: „Ich schlage selber mit dem Herzen Wurzeln“. Das Hebräische, die Sprache des Alten Testaments, kennt nicht wie wir im Deutschen ein einziges Wort für „glauben“. Es hat eine Vielfalt von Wörtern und Bezeichnungen dafür, die, so verschieden sie auch sind, genau in diesem einen Grundton des Haltens, des Wurzelns, des Feststehens zusammenstimmen. Wer Wurzeln schlägt, der findet Halt. Der steht fest auf dem Boden. Der hat festen Boden gefunden. Der weiß, worin er gründet.

Raum geben und Wurzeln schlagen

Bliebe man beim „Ich glaube“ stehen, dann hinge man, trotz des scheinbar festen Bodens, in der Luft. Denn es ist nicht egal, für was oder wen wir Platz in unsrem Herzen machen, damit es Wurzeln schlagen kann. Und es ist auch nicht egal, in was oder wem wir selber mit dem Herzen Wurzeln schlagen. „Worauf Du (...) Dein Herz hängest und verlassest, das ist eigentlich dein Gott", schreibt Martin Luther in seinem Großen Katechismus und folgt damit der Konkretisierung und Präzisierung, die das Apostolische Glaubensbekenntnis flugs und ohne Umschweife dem „Ich glaube" folgen lässt: „an Gott".

Nicht an irgendeinen Gott, den ich mir womöglich nach eigenem Gusto zurechtgeschustert habe aus dem ebenso reichen wie bunten Sortiment der Götter und Götzen auf dem religiösen Jahrmarkt.

„Nicht ihr habt mich erwählt, sondern ich habe euch erwählt"

Der Gott, dem unser „Ich glaube" gilt, hat uns erwählt. Nicht wir ihn. Unser „Ich glaube" ist (bloß) Antwort auf seinen Ruf, seine Zuwendung und seinen Zuspruch an uns. Das Johannes-Evangelium sagt dies so einfach wie bestechend: „Nicht ihr habt mich erwählt, sondern ich habe euch erwählt" (Joh 15,15). Am Anfang des Christseins steht die Initiative dieses Gottes. Er ist es, der uns erwählt, der uns beim Namen ruft. Er ruft, begnadet und segnet uns durch sein Wort. Solchermaßen gerufen, begnadet und gesegnet lassen wir unser Herz zum „Hallraum" seines Zuspruchs und seiner Zuwendung werden. Und so gilt, was Reiner Kunze, der sprachmächtige Poet, so formuliert hat: „Wo, wo bliebe das Wort, (...) wäre da nicht der Hallraum eines Herzens".

Dieses Bild vom Wort und dem Hallraum des Herzens, es ist voller Poesie. Es ist schön. Es ist zu schön. Denn es ist letztlich „nur“ die halbe Wahrheit. Wer von uns hat sie noch nicht gemacht, die bittere Erfahrung, dass gerade kein Wort widerhallt im Herzen? Dass es still ist. Unglaublich still. Beängstigend still. Kein Ruf und kein Segen. Dass trotz allem Hinhören, trotz allem Sich-Öffnen und Offen-Sein nichts zu hören ist außer dem eigenen Herzschlag. Manche erfahren das manchmal. Manche müssen die Stille ein Leben lang aushalten.

Das Ein und Alles des Glaubens

„Ich glaube an Gott“ – das ist das Ein und Alles des Glaubens. Mehr als das gibt es nicht. Und eigentlich ist damit schon alles gesagt. Eigentlich könnte das Apostolicum hier aufhören. Dass das Glaubensbekenntnis trotzdem hier nicht abbricht, sondern weitergeht und weitergehen muss, hängt damit zusammen, dass es sich eben nicht von selbst versteht, was wir meinen, wenn wir „Gott“ sagen. Wer dieser „Gott“ ist, der uns ruft, begnadet und segnet und dem wir Raum in uns geben, in dem wir uns verankern, das ist zu präzisieren. Und so ist das, was dann noch kommt im Apostolicum, zwar „nur“ eine Zutat, aber eine notwendige. Eine Zutat von Wörtern und Sätzen, die genauer sagen, wer der ist, in dem wir gründen. Aber so wichtig diese Wörter und Sätze auch sind: Nicht sie sind es, worin wir unser Herz verankern. Das ist Gott allein.

Prüfung bestanden?

Wenn der Täufling nach der Zeit des Katechumenats am Tag seiner Taufe das „Ich glaube“ auswendig und öffentlich vor der Gemeinde sprach, dann war das nicht der Beweis dafür, dass er ein kluger Kopf und intelligent genug war, sich den Text gut zu merken und am Tag X der Prüfung auch fehlerlos „herzubeten“. Es war vielmehr Ausdruck dessen, was er ganz genau wusste: dass er sich eingelassen hatte, dass er in seinem Herzen Platz gemacht hatte für den, der ihn beim Namen gerufen hatte und auf dessen Namen er sodann getauft wurde. Und mit dem er fortan unterwegs war und von dem er hoffte, dass er weiter Wurzeln in ihm schlage.

„Da er in meinem Herzen keine Wurzeln schlug“

Beziehungen wollen gepflegt werden, sonst verkümmern sie. Das hat der französische Schriftsteller und Existentialist Jean-Paul Sartre am eigenen Leib erfahren. Er beschreibt es als Geschichte seiner eigenen „missglückten Berufung“. Als Kind getauft, haben ihn seine Großeltern in die Welt des Katholizismus und der Heiligen eingeführt. Jeden Tag, so erinnert er sich, habe er als Kind mit gefalteten Händen auf dem Bett gekniet und gebetet. Doch irgendwann sei ihm Gott abhandengekommen und er habe keinen privaten Umgang mehr mit ihm gepflegt. „Da er in meinem Herzen keine Wurzeln schlug, vegetierte er einige Zeit in mir und starb dann. Spricht man mir heute von ihm, so sage ich amüsiert und ohne Bedauern wie ein alt gewordener Frauenjäger, der eine ehemals schöne Frau trifft: ‚Vor fünfzig Jahren hätte ohne das Missverständnis, ohne jenen Irrtum, ohne den Zufall, der uns auseinanderbrachte, etwas zwischen uns sein können. Es war nichts zwischen uns'."

Im Fokus

„Es war nichts zwischen uns"

Zugegeben. Er ist kühn, dieser Liebes-Vergleich, den Jean-Paul Sartre wählt. Aber nicht zu kühn. Vielleicht trifft er den Nagel ja sogar auf den Kopf. Denn Glauben und Lieben haben viel miteinander zu tun. Bei beiden geht es um Entdecken und Erobern, um Sich-Kennenlernen und um Umgang-miteinander-Haben, um Gemeinsam-auf-dem-Weg-Sein, um Sich-Verlieren und Sich-Wiederfinden. Reiner Kunze, leiser Poet und großer Schriftsteller, hat das Anfangen der Liebe beschrieben.

Die Liebe

Die liebe
ist eine wilde rose in uns
Sie schlägt ihre wurzeln
in den augen,
wenn sie dem blick des geliebten begegnen
Sie schlägt ihre wurzeln
in den wangen,
wenn sie den hauch des geliebten spüren
Sie schlägt ihre wurzeln
in der haut des armes,

wenn ihn die hand des geliebten berührt
Sie schlägt ihre wurzeln,
wächst wuchert
und eines abends
oder eines morgens
fühlen wir nur:
sie verlangt
raum in uns

Die liebe
ist eine wilde rose in uns,
unerforschbar vom verstand
und ihm nicht untertan
Aber der verstand
ist ein messser in uns
Der verstand
ist ein messer in uns,
zu schneiden der rose
durch hundert zweige
einen himmel*

Mit dem Glauben ist es auch so. Die Taufe und das Sprechen des Credos, sie sind nicht das Ende, sondern der vielversprechende Anfang einer Beziehungsgeschichte. Einer Geschichte zwischen zwei „Du" und nicht etwa das Für-wahr-Halten von Katechismus-Wahrheiten eines „Ich" über ein „Du".

Jede Liebesgeschichte hat, wir wissen es, ihr eigenes Tempo und ihre eigene Zeit, so wie jede Glaubensgeschichte

* Reiner Kunze, Die Liebe. Aus ders., gespräch mit der amsel. © S. Fischer Verlag GmbH, Frankfurt am Main 1984

ihr eigenes Tempo und ihre eigene Zeit hat. In beiden spielen Missverständnisse, Irrtümer und Zufälle eine nicht zu unterschätzende Rolle. Manche Menschen verpassen sich, weil sie nicht zur selben Zeit am selben Ort sind. Manche finden sich genau deshalb. Manche werden einander nie vorgestellt. Andere verlieren sich, weil sie sich zwar gefunden haben, aber keinen Umgang mehr miteinander pflegen und sich irgendwann nur mehr anschweigen.

So wie uns die Liebe abhandenkommen kann, so gibt es auch viele Gründe, warum uns das Glauben abhandenkommen kann. Das „Jahr des Glaubens", das am 11. Oktober 2012, dem 50. Jahrestag der Eröffnung des Zweiten Vatikanischen Konzils, begann, könnte weiterhin Anlass sein, nicht nur „die anderen" mit unserem Glauben bekannt zu machen. Sondern auch bei uns selber Inventur zu machen, Bilanz zu ziehen. Wie sieht es denn bei uns selber aus? Wer wurzelt in unserem Herzen? Pflegen wir noch Umgang mit Gott? Spüren wir womöglich ein Bedauern, dass nichts (mehr) ist zwischen uns? Vermissen wir gar den Umgang mit Gott?

3.
Gott – wer ist das?

„Ich glaube an Gott, den Vater,
den Allmächtigen“

Manchmal muss man einen Schritt zurückgehen, um besser zu sehen. Nicht nur als Weitsichtiger. So auch in unserem Fall. Wenn wir das Apostolische Glaubensbekenntnis im Gottesdienst sprechen, lassen wir uns von seiner monotonen Melodie tragen. Wir sagen Vers um Vers, Zeile um Zeile. Wir denken nicht voraus. Wir sagen einfach eins nach dem anderen. Wenn wir hier über das Apostolicum nachdenken, müssen wir einen Schritt zurücktreten. Und vom einzelnen Vers – „Ich glaube an Gott, den Vater, den Allmächtigen“ – aufs Ganze schauen und wieder zum einzelnen Vers zurückkehren. Das ist jetzt nötig.

Wer ist das: Gott?

Denn das, was in der letzten Folge so leicht dahingesagt wurde – Das „Ein und Alles“ unseres Glaubens ist Gott –, hat es in Wahrheit in sich. Es gibt mehr Rätsel auf, als es sagt. Wer ist das: Gott? Ist das mehr als ein Allerweltswort, mehr als eine fromme Leerformel, angefüllt mit unseren eigenen (Wunsch-)Vorstellungen? Gewiss, von dem überlebensgroßen Gottvater – mit weißem Bart, der am himmelblauen Gewölbe thront, umgeben von allerhand Engeln und Heiligen in barocker Farbenpracht – haben wir uns alle schon längst verabschiedet. Wir weinen dem alle auch nicht wirklich nach. Doch mit den alten Bildern ist uns auch ihr Trost und ihre Heimatlichkeit abhandengekommen. Sie vermissen wir mitunter schmerzlich.

Das Apostolicum ist uns nicht abhandengekommen. Und es ist klar und präzise, was Gott angeht. Das sehen wir, wenn wir besagten Schritt zurücktreten und vom einzelnen Vers aufs Ganze schauen. Tun wir das, so erkennen wir eine Dreier-Struktur. „Ich glaube an Gott, den Vater ..." – „(Ich glaube) an Jesus Christus, seinen eingeborenen Sohn" – „(Ich glaube) an den Heiligen Geist". Diese (Text-)Struktur ist keine zufällige. Sie ist elementar mit dem Gott-Sein unsres Gottes verbunden. Den Gott, den wir bekennen, der ist Vater, Sohn und Geist. Auf seinen Namen sind wir getauft. Und wenn wir uns bekreuzigen und unsere Hand von der Stirn auf die Brust und von der einen Schulter zur anderen geht, dann schreiben wir Christen uns seine Dreifaltigkeit buchstäblich auf den Leib.

Eins und drei zugleich

Wie aber kann unser Gott „eins" und „drei" zugleich sein? Ich glaube, ich bin nicht allein, wenn ich einräume: Das widerstrebt zutiefst meiner Erfahrung und meiner mathematischen Alltagslogik. Entweder esse ich einen Apfel oder drei Äpfel. Entweder habe ich ein Kind oder drei Kinder. Wie dieses „Gott ist einer und drei zugleich" zu verstehen ist, darüber hat die Theologenzunft viel nachgedacht und noch mehr geschrieben. Nicht immer Überzeugendes, wie einer ihrer größten Köpfe im 20. Jahrhundert, der Jesuitenpater und Dogmatikprofessor Karl Rahner, wusste. Mitunter, so

Rahner, würden sich Theologen in der heiligen Dreifaltigkeit besser auskennen als in ihrer eigenen Hosentasche. Rahners Bemerkung im Ohr, ist es sicherlich nicht falsch, sich zu beschränken und (nur) zu sagen, was damit ganz sicher nicht gemeint ist. Nicht gemeint ist, dass wir uns Gott als „drei Männlein" vorzustellen haben oder gar als drei mannhafte Götter. Auch nicht, dass es in Gott sozusagen drei göttliche Unter-Abteilungen gibt „mit je einem Direktor".

Der Vorhang – oder: wie ich mir Dreifaltigkeit denke

So weit, so gut. Wirklich? Vielleicht geht es Ihnen ja wie mir. Mir ist das zu wenig. Mich befriedigt das intellektuell nicht, nur zu sagen, was damit sicher nicht gemeint sei. Weil dem so ist, brauche ich Bilder, wenn auch ohne Rauschebart und barocke Farbenpracht. Ich habe für mich das Bild vom Vorhang gefunden.

Ich bin mir – das sei den Theologen unter den Lesern gesagt – bewusst, dass es fachtheologisch nicht wasserrein ist, weil es Gott nicht personal und damit nicht als Beziehungswirklichkeit denkt. Aber mir hilft es trotzdem. Warum uns Theologen die Rede von Gott als Person aber teuer und wichtig sein muss, das weiß ich durchaus. Dazu gleich mehr. Doch zunächst zu meinem Bild.

Ich erkläre mir die Drei-Faltigkeit assoziativ so: Ein Vorhang ist ein Stück Stoff, in drei Falten gelegt. Liegt der Vorhang da, so ist er ganz glatt und groß. Wenn wir diesen Vorhang aufgehängt sehen, erkennen wir drei Falten mit einem je ganz individuellen Wurf und einer eigenen, unverwechselbaren Wölbung. Jede dieser Falten ist der Vorhang, aber keine Falte ist allein der Vorhang. Und doch sind diese drei Falten alle aus dem einen gleichen Stoff. Mehr noch: Sie sind alle ein einziges Stück Stoff.

Wie gesagt: Das ist mein (Privat-)Bild. Es muss nicht das Ihre werden. Vielleicht haben Sie ja ein eigenes, besseres Bild, das Ihnen hilft zu verstehen, was wir sagen, wenn wir das Apostolicum beten. Wagen Sie es, sich Ihrer eigenen Vorstellungskraft zu bedienen. Das dürfen wir. Solange wir wissen, dass wir nicht die Bilder anbeten.

Und solange wir, die Theologen, darüber nicht vergessen, dass Gott nicht ein Stück Stoff ist, sondern der bleibende personale Ursprung und tragende Grund von uns Menschen, die wir Personen sind. Dieses göttliche Woher von uns Menschen, das zugleich auch das letzte Wohin von uns Menschen als Personen ist, das kann selber nicht a-personal oder un-personal sein.

Gott ist Vater und allmächtig

Was ein Vater ist, braucht man nicht zu erklären. Das versteht sich von selbst. Vater sein heißt, Kinder haben. Der Gott, den wir bekennen, ist Vater. Woher wir das wissen? Das wissen wir von seinem Sohn, Jesus Christus. „Gott, der Vater“ hat aber nicht nur diesen einen Sohn. Er hat viele Söhne und Töchter. Ein jeder Mensch hat ihn zum Vater.

Bevor jetzt die Theologen unter den Lesern die Stirn runzeln, sei der theologischen Korrektheit willen auf folgenden Unterschied hingewiesen: Jesus Christus ist von Natur aus Sohn, wir sind es aus Gnade. Um im obigen Vorhang-Bild zu bleiben: Wir sind nicht von Natur aus aus dem Stoff, der Gott ist. Er schon. Wir sind nicht Gott, sondern Geschöpfe und von ihm geschaffen. Aber wir sind dazu berufen, dieses Stoffes teilhaftig und in den Stoff des Vorhangs hineinverwoben zu werden.

In personalen Kategorien drückt das die Offenbarungskonstitution des Zweiten Vatikanischen Konzils aus: Gott hat uns nicht nur angeredet „wie Freunde" – und damit auf Augenhöhe. Mehr noch, er „verkehrt" mit uns, um uns in seine göttliche Gemeinschaft „einzuladen und aufzunehmen", damit wir seiner göttlichen Natur teilhaftig werden. Schicksalsgenossen eben.

Dass wir Jesu Vater auch unseren Vater nennen dürfen, auch das hat Jesus uns gelehrt. Wir sagen es im Gebet zusammen mit allen anderen, die sich Christen nennen, seien sie altkatholisch, anglikanisch, lutherisch, reformiert oder orthodox. *„Vater unser im Himmel, geheiligt werde dein Name …"*

Allmacht

Allmacht, so hat man gesagt, sei nur ein anderes Wort für Gottes Gott-Sein. In der Tat: Ein Gott, der nicht allmächtig ist, ist durch eine andere Macht begrenzt. Und ist nicht Gott. Insofern gehören Gott-Sein und allmächtig sein wirklich zusammen. Noch mehr gehören das „Vater-Sein" und das „allmächtig sein" Gottes zusammen. Und damit ist klar: Gottes Allmacht ist nicht eine nackte, blinde Macht über alles und jedes. Sie ist keine inhaltsleere, schrankenlose, ins Unendliche gesteigerte Verfügungsgewalt. Der Gott des Apostolicums ist kein großer Despot, der alle Macht der Welt hat, zu tun und zu lassen, was er in blinder Willkür will. Seine Allmacht bedeutet: Nichts und niemand kann ihn daran hindern, ganz und gar Vater zu sein.

Sie sagen zu Recht: Ein Gott, den nichts und niemand an seinem Vater-Sein hindern kann, der dürfte aber nicht teilnahmslos zuschauen, wenn Kain seinen Bruder Abel erschlägt und auf den Kriegsschauplätzen der Welt das Schlachten und Morden kein Ende hat. Ein Vater, das ist doch einer, der sich vor seine Kinder stellt! Der sie beschützt. Wenn es sein muss, auch voreinander. „Kann ein Vater ruhig mit ansehen, wie seine Kinder geschlachtet werden?" Darüber wird im nächsten Kapitel zu handeln sein, wenn wir den anschließenden Teil-Vers – „den Schöpfer des Himmels und der Erde" – bedenken.

Im Fokus

Ist der Vater-Gott ein Mann?

Nur Männer können Väter sein. Folgt daraus, dass der Vater-Gott des Apostolicums ein Mann ist? Oder anders gefragt: Hat Gott ein Geschlecht? Die Bibel ist hier, auch wenn sie in der Geschichte der Christenheit vielfach anders gelesen wurde, eindeutig: „Denn Gott bin ich und nicht Mann" (Hos 11,9).

Gott, so heißt es in Gen 1,27, hat den Menschen nach seinem Bild geschaffen. „Und es erschuf Elohim Adam (hebr. Mensch) als sein Bild." „Als Bild Elohims erschuf er ihn (sc. den Menschen), männlich und weiblich erschuf er sie." Die griechische Übersetzung des hebräischen Urtextes hat das hebräische „adam" mit „anthropos" übersetzt, was nicht nur Mensch, sondern auch Mann heißt. Und schon war der ursprünglich eindeutige Text missverständlich.

Es gilt deshalb festzuhalten: Der Gott, der uns nach seinem Ebenbild als Mann *und* Frau geschaffen hat, ist selber weder Mann noch Frau. Die Texte der Bibel sprechen zwar von ihm in männlichen und weiblichen Bildern. Sie sprechen von ihm als Vater, als Friedensfürst, als König, als Herr. Aber auch als Mutter, Hebamme und Amme. Die menschlichen Verfasser der biblischen Schriften verwenden diese Bilder, weil wir Menschen über eine Person eben nicht anders sprechen können als in dieser zweigeschlechtlichen Ausfaltung. Das hat uns die feministische Theologie, die heute unter dem Label gender studies figuriert, zu sehen gelehrt. Und das ist mittlerweile Allgemeingut in der Theologie.

Die allermeisten protestantischen und römisch-katholischen Dogmatiker unter den Theologen legen aber nun gleichwohl ein Veto ein. Die Rede von „Gott als Vater" sei gerade nicht ein solches menschliches Bild für Gott neben anderen Bildern, das man beliebig gegen andere auswechseln könne. Mutter, das sei lediglich ein Bild für Gott. Vater hingegen, das sei ein Titel Gottes, der eine unaufgebbare Wesens-Aussage über Gott beinhalte. „Warum macht ihr Theologen es euch denn immer so schwer?", fragt mich meine 15-jährige Tochter. „Das ist doch klar, dass Vater und Mutter zwei Paar Stiefel sind. Aber wohl doch zwei, die zusammengehören und nicht gegeneinander ausgespielt werden wollen, oder?" Ich sehe das verschmitzte Augenzwinkern meiner Tochter und höre mich selber reden – wenn auch, zugegebenermaßen, in anderem Kontext. Aber vielleicht, vielleicht hat sie ja Recht, wenn sie mir das auch an dieser Stelle in Erinnerung ruft.

Aber auch dann, wenn ich als Theologin das Veto meiner Fachkollegen ernst nehme, wonach Vater und Mutter dogmatisch gesehen nicht gleichrangige Bilder für Gott sein sollen, bleibt zu sagen: Die (Wesens-)Aussage, dass Gott Vater ist, ist gleichwohl keine Aussage über das Mann-Sein Gottes. Das wäre ein ebenso gründliches wie fatales Missverständnis. Denn auch der Vater-Gott ist kein Mann. Wäre er einer, dann wäre er nur halb. Es fehlte ihm das Weibliche. Der Vater-Gott ist aber nichts Halbes. Darum gilt: Wäre er Mann, wäre er nicht Gott.

4.
Das „Woher" und „Warum" von Mensch und Welt

„den Schöpfer des Himmels und der Erde"

Kinderfragen haben es in sich. Die Antworten von uns Erwachsenen aber auch. Vor allem dann, wenn sie uns auf erschreckende Weise spiegeln, wie sehr wir uns angewöhnt haben, an der funktionierenden Oberfläche der Welt zu bleiben. An manche erinnern wir uns noch nach Jahren. Es war im Winter 2001. Meine Tochter war gerade fünf Jahre alt geworden. Da fragte sie mich: „Mama, wo kommen eigentlich die Hunde her?" Meine Antwort – „Die wachsen im Bauch der Mama-Hunde" – befriedigte sie nicht. Nach kurzem Zögern meinte sie: „Nein, das meine ich nicht. Ich meine die allerersten Hunde." Sie ahnen es. Ich war für einen Moment einfach nur sprachlos. Das Nachhaken meiner Tochter machte mich staunen. Mehr aber noch beschämte es mich.

Die funktionierende Oberfläche der Welt

Wenn wir das Apostolische Glaubensbekenntnis sprechen und Gott, der das Ein und Alles unsres Glaubens ist, als „Schöpfer des Himmels und der Erde" bekennen, dann machen wir genau das *nicht*, was ich getan hatte. Wir bleiben gerade nicht an der funktionierenden Oberfläche der Welt kleben. Gewiss: Als das Apostolicum im 3./4. Jahrhundert nach Christus in der römischen Ortsgemeinde gebetet wurde, da gab es noch keine Naturwissenschaften im neuzeitlich-modernen Sinn. Es gab weder Biologie noch Chemie noch Physik, wie wir sie heute kennen und schätzen. Da wusste man noch nicht, dass uns Menschen von den Affen nur ein einziges Gen trennt. Da wusste man noch überhaupt nichts von Genen und DNA. Da wusste man auch noch nicht, dass ein jeder von uns (s)einen Anfang nimmt mit der Verschmelzung einer Ei- und Samenzelle. Und sei es in einer Petrischale.

Gleichwohl: Die Aussage des Apostolicums, dass Gott der Schöpfer von allem sei, was zwischen Himmel und Erde ist, ist durch unser anatomisches, biologisches, chemisches, physikalisches Wissen nicht hinfällig geworden. Das hat mich meine damals 5-jährige Tochter gelehrt. Denn auch wenn wir wissen, wie die Welt „funktioniert“, wie die Evolution im Einzelnen verlaufen ist, welche Gesetze, Mechanismen und Regeln in ihr am Werk sind, wenn wir wissen, wie wir selber geworden sind – so wissen wir doch nichts über das letzte Woher und Warum von Mensch und Welt. Die Naturwissenschaften können die Frage „Warum ist überhaupt etwas und nicht vielmehr nichts“ nicht beantworten.

Das letzte „Woher“ und „Warum“ der Welt

Die Heilige Schrift, dieses große vielstimmige Epos von der Geschichte Gottes mit uns Menschen, hebt an im Buch Genesis 1,1 mit der schlichten Aussage: „Im Anfang schuf Gott Himmel und Erde“. Doch nicht nur am Anfang, sondern auch im zweiten Kapitel (Gen 2,4b–25) wird berichtet, wie Gott Himmel und Erde macht. Dass die beiden Schöpfungsberichte nicht recht übereinstimmen wollen, das braucht uns nicht zu schrecken. Denn nicht auf das „Wie", sondern auf das „Dass" kommt es unseren Texten an. Und hier lassen sie keinen Zweifel aufkommen: Gott ist der, von dem alles her ist. Seine Geschichte mit uns Menschen beginnt mit der Schaffung von Raum und Zeit. Der Anfang der Zeit, unser Anfangen in der Zeit, unsere Geschichte in der Zeit – sie kommen aus seinem Sein und das ist Ewigkeit. Die Frage von Samuel Beckett – „Aber was machte Gott vor der Schöpfung?" – geht ins Leere. Es gab keine Zeit und keinen Raum, bevor Gott Schöpfer war. Es gab kein Vorher und kein Nachher. Es gab nur, was er immer schon ist, war und sein wird. Ewigkeit. Zeit und Raum sind umfangen und aufgehoben in seiner Ewigkeit. Die ohne Anfang und Ende ist.

Was meine Tochter mich noch gelehrt hat

Dass wir Menschen von „woanders" her sind, dass wir uns nicht einfach der kausalen Kette aufeinanderfolgender Ereignisse und Entwicklungsschritte verdanken, auch das hat mich meine Tochter gelehrt. Natürlich ist sie durch die Verschmelzung einer Eizelle mit einer Samenzelle entstanden und damit durch unser Menschen Zutun. Aber als ich meine Tochter das erste Mal in Händen halten durfte, da wusste ich ganz tief in mir, dass sie alles ist, nur das nicht – von mir und meinem Mann gemacht. Sie gründet und kommt aus Gottes schöpferischer Fülle. Wie jedes Menschen Kind.

„Gott (...) muss entweder böse oder ein Stümper sein"

Dem Bericht im ersten Buch der Bibel zufolge war Gott mit seinem Werk zufrieden: „Und Gott sah, dass alles gut war". Der Timotheusbrief bekräftigt dies: „Denn alles, was Gott geschaffen hat, ist gut" (1 Tim 4,4). Dass nicht alles gut ist, weder hier bei uns noch woanders auf dem Globus, das wissen wir, auch ohne die täglichen Schreckensnachrichten. Bleibt die Frage: Waren die biblischen Verfasser weltfremde Kerle, die die Augen vor der Realität zumachten? Sind wir Christen weltfremd? Reden wir uns Gottes Wirklichkeit einfach schön? Peter Singer, Professor für Bioethik, meint: ja. Und er geht sogar noch einen Schritt weiter. „Wenn wir (...) auf dem Glauben an göttliche Schöpfung beharren, sind wir gezwungen, zuzugeben, dass dieser Gott, der die Welt erschuf, nicht allmächtig und nicht vollkommen gut sein kann. Er muss entweder böse oder ein Stümper sein."

Warum ist das, was gut war, nicht mehr gut?

Es gibt viel zu viel Schmerz und Leid auf der Welt. Das wussten auch die biblischen Verfasser. Gerade im Angesicht von Schmerz und Leid war es ihnen wichtig, klarzustellen: Wie die Welt geworden ist, das ist das eine. Wie Gott sie gemacht hat, das ist das andere. Warum aber ist das, was gut war, nicht mehr gut? Wer trägt dafür die Verantwortung? Gott, weil er dem Menschen die Freiheit gegeben hat, das Böse nicht nur zu wollen, sondern auch zu tun? Der Mensch, weil er das Böse wollte und tat? Gott, weil er zugelassen hat, dass die Natur nicht nur Lebensgrundlage von Tier und Mensch ist, sondern dieses Leben auch gnadenlos zerstört? Wir Menschen, weil wir vergessen haben, dass alles, was ist, aus der schöpferischen Fülle Gottes kommt und von daher seinen unendlichen Wert und seine unabsprechbare Würde hat?

Ich weiß es nicht

Was ist mit dem Kind, das taub, blind und stumm nicht nur zur Welt kommt, sondern sein Leben lang bleiben wird? Was ist mit dem Kind, in dem die Zeitbombe einer Erbkrankheit tickt und das jämmerlich zugrunde gehen wird, noch bevor es „Ich“ sagen kann?

Soll das alles auf der Menschen Freiheits-Kappe, auf unser Wollen des Bösen, auf die Erbsünde (zurück)gehen? Ich gebe es zu: Ich weiß es nicht. Ich habe darauf keine mich selber zufriedenstellende Theologenantwort, die mein Gemüt besänftigen und mich intellektuell überzeugen könnte. Denn es ist etwas in mir, das gegen die vermeintliche Erbsündenlogik rebelliert: Das unschuldige Kind, dem das Leid ungefragt widerfährt, das soll, nur weil es Mitglied der Menschheitsfamilie ist, auch noch selber an seinem Leid schuld sein? Eine solche Antwort ist und bleibt menschenverachtend und Gottes unwürdig.

Im Fokus

Gottes gute Schöpfung
und des Menschen (geerbte) Schuld

„Und Gott sah, dass alles gut war." Am Anfang der Schöpfung, so die Bibel, war alles gut. So hätte es auch bleiben können. Hätten Adam und Eva nicht sein wollen wie Gott. Hätten sie nur nicht von der allein Gott vorbehaltenen Frucht gegessen. Die Folgen ihres Sein-Wollens-wie-Gott: Sie erkennen, dass sie nackt sind. Sie müssen fortan arbeiten. Das Weib, so heißt es, muss fortan unter Schmerzen gebären. Und, die schlimmste Folge des Ganzen: der Tod. In der theologischen Fachsprache nennt man das alles zusammen die „Ursünde" oder den Sündenfall.

Alle Menschen, die geboren werden, „erben" diese Ursünde des allerersten Menschenpaares. Kirche und Theologen sprechen von „Erbsünde". Diese ist keine uns persönlich zurechenbare Tat. Wir erben sie vielmehr ohne unser Wollen und Zutun, einfach weil wir Mitglied der Menschheitsfamilie sind. Dahinter steckt die römisch-rechtliche Vorstellung, dass das Verhalten des Familienoberhauptes das Schicksal des ganzen Clans auf Dauer bestimmt. Es gibt kein Entrinnen, sie wird von Generation zu Generation weitergegeben.

Die auf den Kirchenvater Augustinus im 4. Jahrhundert nach Christus zurückgehende Antwort auf die Frage, *wie* diese denn vererbt werde, lautet: Die Erbsünde wird nicht durch (freie) Nachahmung des je einzelnen Menschen, sondern durch den Vorgang der Zeugung weitergegeben. Da der Vorgang der Zeugung mit sexueller Lust einhergeht, wurde Sexualität seitdem mit Sünde schlechthin assoziiert. An dieser doppelten augustinischen Hypothek – Automatismus der biologischen Vererbung und Inkriminierung der sexuellen Lust – tragen wir bis heute schwer. Sie bewohnt die Köpfe weiterhin, obschon Kirche und Theologie neue, andere Interpretationswege gegangen sind und gezeigt haben, dass Erbsünde nicht mit Biologie und Sexualität zu tun hat, sondern zu sehen ist als Vorbedingung menschlichen In-der-Welt-Seins. Dazu unten gleich mehr.

Die unausweichliche Übertragung der Erbsünde von einer Generation zur anderen, so die Logik dieses Denkmodells, ist in und durch die Geburt von Jesus unterbrochen. Er ist der „neue Adam". Er ist zwar auch Mensch, doch wurde er, der von Ewigkeit her Gottes Sohn ist und keinen menschlichen Vater hat, ohne Erbsünde geboren. Damit dieses Denken theologisch „aufgeht", muss man – so die Kirchenlehrer – konsequenterweise auch sagen, dass auch Maria, die Mutter Jesu, ohne Erbsünde war. Dies wird im Dogma von der Unbefleckten Empfängnis Mariens (1854) ausgedrückt, das eben gerade nicht die sexuelle Unversehrtheit Mariens meint, sondern deren Befreitsein von der Erbsünde. Wäre Maria, so der Skopus des Dogmas, selber mit der Erbsünde „befleckt" gewesen, hätte sie diese „automatisch" an ihren Sohn weitergegeben.

Was genau erben wir, wenn wir die Erbsünde erben? Man könnte sagen: Wir erben die Auswirkungen des freien Willens unserer Vorfahren. Und unsere Nachfahren werden die Auswirkungen unseres freien Willens erben. Ungefragt. Jedes Wort, das wir sagen, jede Entscheidung und Wahl, die wir treffen, hat Folgen. Ob wir wollen oder nicht. Auch jede Tat. Manche Folgen sind ganz offenkundig. Andere weniger. Aber sie bleiben nicht aus. Sie zusammen sind der Stoff, in das das Leben unserer Kinder und Kindeskinder sich hineinverwebt. Papst Benedikt XVI. hat das in seiner Zeit als Professor einmal so formuliert: Der „Sitz der Erbsünde ist (…) in diesem kollektiven Netz zu suchen, das als geistige Vorgegebenheit der einzelnen Existenz vorausgeht, nicht in irgendwelcher biologischer Vererbung zwischen lauter sonst völlig getrennten Einzelnen. Von ihr zu reden besagt eben dies, dass kein Mensch mehr am Punkt Null (…) anfangen kann. Keiner steht in jenem unversehrten Anfangszustand (…). Jeder lebt in einer Verstrickung, die ein Teil seiner Existenz selber ist."

Ein Beispiel gefällig? Auch wenn es vielen unter uns nur mehr ein müdes Achselzucken abringen wird, sei es gleichwohl genannt, einfach weil es allein schon aufgrund seiner monströsen Dimensionen sprechend ist. Wenn wir immer noch Atomkraftwerke betreiben und radioaktiven Abfall vergraben, dann prägt das die Welt, die wir nicht nur unseren eigenen Kindern, sondern hunderten Generationen nach uns hinterlassen.

Die Erbsünde – ein bleibender Alp? Kein Entrinnen, nie? Aber nein. Das Entrinnen hat einen Namen. Und es hat bereits stattgefunden. Jesus hat uns vom Alp der Erbsünde befreit. Wenn wir auf den Namen dieses „neuen Adam" getauft werden, dann wird der „alte Adam" abgewaschen. Dann sind wir aus dem Herrschaftsbereich der (Erb)Sünde befreit und werden neu geboren.

Das heißt: Es gibt keinen Automatismus des Schlechten. Wir können uns zur Verstrickung im „kollektiven Netz" verhalten. Es ist an uns, zu entscheiden und zu gestalten. Wer wir sein wollen. Und wie wir sein wollen. Welche Sorge wir tragen wollen mit Blick auf uns selber, die Menschen, die Dinge, die Welt. Wie wir uns verhalten wollen zu dem, was wir an Welt und Ordnung und Werten vorfinden, was unser

Leben möbliert und was wir ungefragt erben. „Könnte man dann sagen“, so fragt meine 15-jährige Tochter, die mir beim Schreiben über die Schulter schaut, „dass es eigentlich nur eine einzige Sache im Leben gibt, die wir müssen?“ Ich verstehe nicht und frage nach und bekomme zu hören: „Na ja. Nur sterben, das müssen wir. Irgendwann. Das können wir nicht entscheiden. Zu allem anderen aber können wir uns entscheiden, oder?“ Ich nicke und denke: Warum ist mir diese Formulierung nicht eingefallen?

5.
Jesus Christus – was ist das für ein Mensch?

„an Jesus Christus, seinen eingeborenen Sohn, unseren Herrn“

Kennen Sie die Fernsehsendung „Ich trage einen großen Namen“ mit Wieland Backes? Nachkommen von berühmten Menschen werden da von einem dreiköpfigen Rateteam über ihren (nicht genannten) Vorfahren befragt. In welcher Zeit hat er gelebt? Weshalb wurde er berühmt? Hat er komponiert, gedichtet oder geforscht? Was zeichnete ihn aus? Meistens bekommt das Rateteam heraus, wer gesucht ist. Auch deshalb, weil ein Lotse mit Informationen weiterhilft, wenn das Team nicht mehr weiterkommt.

Wir tragen einen großen Namen

Bei dieser Fernsehsendung könnten wir – Sie und ich – auch mitmachen. Denn auch wir tragen einen großen Namen. Wir heißen Christen. Wir sind auf diesen Namen getauft. Alles Weitere ist Beiname: römisch-katholisch, altkatholisch, orthodox, lutherisch, reformiert. Wessen Nachfahren wir sind und wer der ist, dessen Namen wir tragen, steht in diesem zweiten und längsten Teil des Apostolischen Glaubensbekenntnisses. Dieser Teil steht nicht nur in der Mitte, er *ist* die große Mitte unseres Glaubens:

„Ich glaube an Jesus Christus, seinen eingeborenen Sohn, unseren Herrn. Empfangen durch den Heiligen Geist, geboren von der

Jungfrau Maria, gelitten unter Pontius Pilatus, gekreuzigt, gestorben und begraben, hinabgestiegen in das Reich des Todes, am dritten Tage auferstanden von den Toten. Aufgefahren in den Himmel, er sitzt zur Rechten des allmächtigen Vaters, von dort wird er kommen, zu richten die Lebenden und die Toten."

Kein Wort zu viel

Kann man, so frage ich mich, wirklich sagen, dieser Mittelteil des Apostolicums sei lang im Sinne von ausführlich? Mir scheint eher, kein Wort ist hier zu viel. Kürzer geht es nicht: eingeborener Sohn Gottes – geboren in der Zeit – gelitten – gekreuzigt – gestorben – auferstanden – wird wiederkommen. Nur vom (doppelten) Anfang und vom (doppelten) Ende ist die Rede. Das Dazwischen, die Zeitspanne, die er hier auf Erden lebte, und vor allem, wie er lebte, was ihm wichtig war und was er tat, all das ist ausgespart. Nicht weil es keine Rolle spielte. Sondern weil das bereits andernorts – in den neutestamentlichen Schriften – ausgebreitet wurde, wie wir noch sehen werden.

Die ganze Wahrheit

Der Mittelteil des Apostolicums beschränkt sich. Er sagt im Telegrammstil (nur) das Wesentliche und bringt die Dinge auf den allerkürzesten Nenner überhaupt. Jesus Christus war wirklich Mensch. Er hat, wie wir Menschen alle, einen Anfang in der Zeit und ein Ende in der Zeit. Er wurde geboren und er starb. Geboren werden und sterben, das ist die bittere Signatur des Menschseins schlechthin.

Aber das ist, bezogen auf Jesus Christus, eben nur die halbe Wahrheit. Denn zwar war er Mensch, aber er kommt nicht vom Menschen her. Er kommt aus Gott. Er ist nicht eines Menschen Sohn, er hat keinen menschlichen Vater. Er ist von Ewigkeit her der eingeborene Sohn Gottes. Er ist die Gestalt, in der Gott (der Vater) sich der Welt zuwendet und Mensch wird. Das ist das „Wunder der Weihnacht“, das wir Jahr um Jahr neu bestaunen und feiern.

„Geboren aus der Jungfrau Maria“

Wenn wir hören, Jesus Christus sei aus der Jungfrau Maria geboren, dann widerspricht das unserer Erfahrung. Mädchen und Frauen, die schwanger werden und ein Kind gebären respektive es bereits geboren haben, sind biologisch betrachtet keine Jungfrauen mehr. Wie ist das also mit der Jungfrauengeburt? Wie müssen wir uns das denken? Ist sie schönes Bild und sprechendes Symbol dafür, dass Jesus Christus etwas ganz Besonderes ist, was man durch die Betonung seiner außergewöhnlichen Herkunft unterstreichen will? Ein Bild, das deutlich macht, dass er keinen menschlichen Vater hat, sondern durch den Heiligen Geist empfangen wurde? Oder ist die Jungfrauengeburt mehr als ein Symbol und deshalb im streng naturwissenschaftlich-biologischen Sinn zu verstehen?

Sie fragen mich: Muss man sich zwischen diesen beiden Antwortmöglichkeiten entscheiden, um katholisch heißen zu können? Ich kann Sie beruhigen. Weder die Katechismen der Kirche(n) noch die Theologen tun es. Beide sagen sybillinisch, die Jungfrauengeburt sei zu verstehen als „leibhaftiges Zeichen“ dafür, dass Maria die „glückselige Pforte des Himmels“ und Gottes Tor zur Welt war. Meine Tochter, mittlerweile zur Jugendlichen gereift, hat dafür nur ein müdes Lächeln übrig: „Ausflüchte“. „Ihr ersetzt einfach die ‚biologisch-körperliche‘ Tatsache durch ein ‚leibhaftiges‘ Zeichen. Und schon denkt ihr, ihr seid fein raus“, lautet ihr Fazit. Wieder einmal reibe ich mir die Augen. Ich widerspreche meiner Tochter nicht. Als Mutter nicht und auch als Theologin nicht.

Was ist das für ein Mensch? (Mk 4,41)

Wann dieser Mensch Jesus Christus gelebt hat, wo er geboren wurde und was ihm wichtig war, was er tat, darüber sagt das Apostolicum nichts. Die einzige Situierung auf der (historischen) Zeitachse erfolgt durch die Nennung von Pontius Pilatus, dem römischen Statthalter und „Art Platzkommandanten der Militärregierung einer fremden Besatzungsmacht in Jerusalem“, zu dessen Amtszeit sich der Prozess respektive die beiden Prozesse gegen Jesus abgespielt haben. Selbst die Ur-Kunde unseres Glaubens schlechthin, die Heilige Schrift, ist in dieser Hinsicht unergiebig. Was sie an reinen, kalendarisch-historischen Fakten aufführt, das ist herzlich wenig. Es passt, wie ein berühmter Neutestamentler es einst provokant formulierte, „auf eine Postkarte“.

Wir wissen, dass der Jude Jesus gelebt hat. Doch auch wenn wir an Weihnachten singen „Zu Bethlehem geboren/ist uns ein Kindelein“, so wissen wir eben doch nicht, ob er wirklich in Bethlehem oder nicht vielleicht doch in Nazaret oder Kafarnaum geboren wurde. Wann er genau geboren und wann er genau gestorben ist, auch das wissen wir nicht, auch wenn unsere Zeitrechnung sich nach ihm richtet. Vielleicht ist er, nach dem wir die Jahre zählen, ja auch erst im Jahr 2 oder 3 oder 6 nach Christus geboren. Und ob sein öffentliches Wirken ein Jahr (gemäß den synoptischen Evangelien) oder doch eher zwei/drei Jahre (gemäß dem Johannesevangelium) dauerte, auch das wissen wir nicht. Dass sein Leben am Kreuz endete, das ist wohl das gesichertste Ereignis des historischen Lebens Jesu.

Zu wenig?

Sie sagen, das sei aber zu wenig, um einen ganzen Glauben, eine ganze Kirche, ein ganzes Leben darauf zu gründen? Das stimmt. Aber nur dann, wenn man von der Heiligen Schrift etwas erwartet, was sie gar nicht sein will. Die biblischen Verfasser wollten gar keine nackten historischen Tatsachenberichte oder gar eine historische Biographie Jesu schreiben. Sie wollten vielmehr kundtun und bekunden, dass dieser Mensch für uns unendlich bedeutsam ist. Bedeutsam, weil er nicht nur von Gott sprach und uns den Weg zu Gott zeigte, sondern weil er selber zugleich Gott war. Nicht mehr und nicht weniger. Und genau das sagt auch das Apostolicum. Mit keinem Wort zu viel.

Im Fokus

Was Jesus wollte und wofür er stand

Wenn das Rateteam in der Fernsehsendung „Ich trage einen großen Namen" nicht weiterkommt, springt der Lotse ein. So auch in unserem Fall. Als Lotse dient die Ur-Kunde unseres Glaubens, die Heilige Schrift. Sie ist zwar keine historisch-kalendarische Biographie Jesu. Aber sie dokumentiert überaus genau, was Jesus wollte und wofür er theologisch stand.

1. Auch wenn wir seinen Namen tragen und Christen heißen, so war Jesus doch nicht der erste Christ. *Jesus war Jude.* Er wurzelte in der religiösen Vorstellungswelt des jüdischen Volkes Gottes. Er stand ganz auf dem Boden der Tora, der heiligen Schrift der Juden. Er betete die Psalmen und teilte die messianischen Hoffnungen des Gottesvolkes Israel.

2. *Jesus war ein Glaubender. Er war ganz in Gott, dem Vater, verwurzelt. Er lebte ganz aus und in der Beziehung zu ihm.* Und er wollte uns Menschen ebenfalls in Gott verankern und auf ihn ausrichten. „Du sollst den Herrn, deinen Gott, lieben mit ganzem Herzen, mit ganzer Seele und mit all deinen Gedanken." Das ist das wichtigste Gebot, heißt es bei Matthäus 22,37. Ebenso wichtig wie dieses erste ist nach Matthäus „das zweite": „Du sollst deinen Nächsten lieben wie dich selbst". Das Wurzeln in und das Leben aus der Beziehung zu Gott soll die (zwischen-)menschlichen Verhältnisse hier und heute prägen.

3. *Das Zentrum von Jesu Leben und Wirken ist das Reich Gottes.* Dieses ist Jesus zufolge weder ein politisch-religiöses Königreich noch ein Gottesstaat auf Erden, wie be-

stimmte Strömungen im Judentum es erwarteten. Das Reich Gottes, das Jesus verkündet, ist vielmehr eine neue Ordnung der Welt. Die Welt des Menschen soll von Gottes Liebe, Gerechtigkeit und Frieden her neu geordnet werden. Das, was Sohn und Vater einander sind, soll die irdisch-weltlichen Strukturen und Spielregeln bestimmen. Die, die in der gesellschaftlichen Privilegienordnung nichts gelten und im Abseits stehen, sollen in die Mitte rücken. Die Rechtlosen sollen ins Recht gesetzt, die Hungernden gesättigt und die Trauernden getröstet werden. Das hat Jesus nicht nur gepredigt, sondern auch ganz konkret getan. Und so hat er das Reich Gottes im Hier und Jetzt bereits Wirklichkeit werden lassen.

4. Das aber war gefährlich für die herrschende (politische und religiöse) Ordnung. So gefährlich, dass die Reich-Gottes-Botschaft Jesus ans Kreuz brachte. So gefährlich, dass sie nicht einmal ins Glaubensbekenntnis aufgenommen wurde?

6.
Gekreuzigt, gestorben und begraben – und doch kein Ende

„gelitten unter Pontius Pilatus,
gekreuzigt, gestorben und begraben,
hinabgestiegen in das Reich des Todes“

Wenn wir auch historisch nicht viel wissen, das wissen wir. Das Apostolische Glaubensbekenntnis ist hier, wir haben es bereits bemerkt, überraschend präzise: *„gelitten unter Pontius Pilatus“*. Und es stimmt, auch wenn wir das exakte Datum nicht kennen. Dem Juden Jesus wurde zur Zeit des römischen Statthalters Pontius Pilatus der Prozess gemacht. Damit war Jesu Ende besiegelt. Er landete am Kreuz, wo bei den Römern nur Kapitalverbrecher landeten, also Mörder, Terroristen und Aufständische. Bei römischen Bürgern wandten die Römer die Kreuzesstrafe nicht an. Das galt als zu schmachvoll und schändlich. Nur bei Sklaven wurde sie vollzogen. Und bei Jesus, dem Juden.

Die römische Besatzung

Jerusalem wurde zur Zeit des Prozesses gegen Jesus von einer fremden Besatzungsmacht regiert. Die römische Militärregierung war seit dem Jahr 6 nach Christus durch einen Statthalter vor Ort präsent. Dieser regelte und kontrollierte das gesamte öffentliche Leben. Er setzte sogar das religiöse Oberhaupt der Juden, den Hohenpriester, ein.

Auch in der Ausübung seiner religiös-liturgischen Funktionen war der Hohepriester komplett unter der Fuchtel der Römer. Ein Beispiel von vielen: Das liturgische Gewand, das er an Feiertagen trug, wurde von den Römern verwahrt und musste von ihm jeweils extra abgeholt (und wieder zurückgegeben) werden. Man nennt das Totalkontrolle. Auch die Kapitalgerichtsbarkeit lag ausschließlich in den Händen der römischen Besatzer, sprich: Sie allein konnten ein Todesurteil aussprechen und auch vollziehen. Zur Zeit des Prozesses Jesu war Pontius Pilatus römischer Statthalter. Der jüdische Hohepriester war Kaiphas.

Wessen wurde Jesus angeklagt?

Befragt man darüber unseren Lotsen, die neutestamentlichen Schriften und ihre professionellen Ausleger, die Exegeten, so bekommt man keine eindeutige Antwort. Die einen sagen, Jesus wurde wegen Gotteslästerung (Mk/Mt) angeklagt, die anderen sagen, wegen seines messianischen Anspruchs (Lk). Die Dritten sagen, aus politisch-taktischen Erwägungen (Joh). So vielstimmig die Evangelien auch sind, eines scheint bei allen vieren klar und eindeutig: Jesu Botschaft vom Reich Gottes, von der neuen Ordnung der Welt, wo Gottes Liebe, Gerechtigkeit und Barmherzigkeit regieren, erregte Anstoß. Das, weil diese neue Ordnung die geltende (politische und religiöse) Ordnung mit ihren Spielregeln und Strukturen radikal in Frage stellte. Das roch nach Umsturz. Nach Anmaßung. Nach Gotteslästerung. Genau deswegen wurde Jesus, der Jude und Künder des Reiches Gottes, angeklagt.

Von wem wurde Jesus angeklagt?

Auch in der Frage, ob es – vorgängig zum römischen Prozess gegen Jesus vor Pontius Pilatus – auch einen richtigen Prozess vor dem jüdischen Hohen Rat gegeben hat und wenn ja, wann dieser stattfand, ob in der Nacht (Mk/Mt) oder bei Tagesanbruch (Lk), sind sich die vier Evangelien uneins. Die Exegeten unter den Theologen halten die Version des Johannes für die plausibelste. Sie lautet: Es hat gar keinen richtigen, formellen jüdischen Prozess vor dem Hohen Rat gegeben. Was es gab, war eine Art informelle Befragung Jesu im (Privat-)Haus von Hannas, dem Schwiegervater des jüdischen Hohenpriesters Kaiphas. Diese mündete in die Einschätzung: Der Jude Jesus ist aus politischen Opportunitätsgründen dem römischen Statthalter zu übergeben. Der soll sehen, was er macht.

Der Prozess vor Pilatus

Was den Prozess vor dem Statthalter Pontius Pilatus angeht, sind sich die neutestamentlichen Schriften einig. In allen vier Evangelien (Mk, Mt, Lk, Joh) zeigt sich der römische Statthalter von Jesu Unschuld überzeugt. Er gibt aber dem Drängen der aufgebrachten Menge nach (Lk). Am liebsten allerdings würde er Jesus freilassen (Joh). Pontius Pilatus tut es aber dann doch nicht, weil er um sein Ansehen fürchtet. Denn es könnten andere auf die Idee kommen, er sei dem römischen Kaiser nicht treu genug ergeben (Joh).

„Bist du der König der Juden?"

Pontius Pilatus stellt Jesus die Gretchenfrage: *„Bist du der König der Juden?"* (Mk 15,2). Das war eine Fangfrage. Eine arglistige dazu. Das Volk Israel, dem der Jude Jesus angehört, war getragen von der Hoffnung auf den Messias, der die Herrschaft Gottes unter den Menschen herstellen werde. Es kursierten viele Vorstellungen, wie diese Herrschaft aussehen würde. Manche stellten sich diese Herrschaft als politisches Königtum vor, manche als Gottesstaat. Die Frage von Pilatus an Jesus: „Bist du der König der Juden?" war somit hochpolitisch und brisant. Denn wenn Jesus mit seiner Botschaft vom Reich Gottes ein (politisches) Königtum beanspruchte, wäre das eine ganz konkrete Bedrohung (auch) für die römische Besatzungsmacht gewesen. Jesu Antwort war gemäß der Überlieferung des Evangelisten Markus mehrdeutig: „Das sagst *du*", was auch „Du *sagst es*" heißen kann. Die Reich-Gottes-Botschaft Jesu ist aber eindeutig: Das Reich Gottes ist für Jesus weder ein politisches Königtum noch ein Gottesstaat, sondern, wie oben und auch im vorhergehenden Kapitel zu zeigen war, eine neue Ordnung der menschlichen Verhältnisse.

Gekreuzigt, gestorben und begraben

Der Prozess gegen Jesus geht seinen grausamen Gang. Pontius Pilatus wäscht seine Hände in Unschuld, er weist jede Schuld von sich. Er schiebt sie den Juden zu und liefert Jesus seinen Schergen aus. Diese geißeln und verhöhnen ihn. Sie flechten einen Kranz aus Dornen, fallen vor ihm auf die Knie und rufen: „Heil dir, König der Juden!“ (Mt 28,27–29). Danach schlagen sie Jesus ans Kreuz. Er nimmt das schmähliche Ende eines Kapitalverbrechers nach römischem Recht. Die Juden kannten die Kreuzigungsstrafe nicht; ihre Strafe für Gotteslästerung war die Steinigung.

Der letzte Liebesdienst, den man einem Gestorbenen erweisen kann, ist, seinen toten Leib zu achten und ihn würdig zu bestatten. So geschah das auch bei Jesus. Josef aus Arimathäa ging zu Pilatus und bat um den Leichnam Jesu. Pilatus überließ ihm den toten Leib. Josef hüllte ihn in ein Leinentuch. Und legte ihn in das Grab, das er eigentlich für sich selbst in einen Felsen hatte hauen lassen. Und dann „wälzte (er) einen großen Stein vor den Eingang des Grabes und ging weg“ (Mt 28,57–61).

Das bittere Ende

Sterben und ins Grab gelegt werden. Das ist das ebenso bittere wie unabwendbare Ende eines jeden Menschen. Da gibt es kein Entkommen. Dass das nicht das endgültige Ende Jesu war, wir glauben es zu wissen. Dass es auch nicht unser Ende sein wird, das hoffen wir. Warum wir hoffen dürfen, dazu beim nächsten Vers des Apostolicums mehr, wo es heißt: „am dritten Tag auferstanden von den Toten“.

Im Fokus

Die Verfluchung der „treulosen Juden" in der Karfreitagsliturgie

„Da nahm Pilatus Wasser, wusch die Hände vor dem Volke und sprach: ‚Ich bin unschuldig an dem Blute dieses Gerechten. Sehet ihr zu!' Das ganze Volk antwortete: ‚Sein Blut komme über uns und unsere Kinder!'" (Mt 27,24–25). Diese Stelle aus dem Passionsbericht im Matthäus-Evangelium – auch kurz „Blutruf" genannt – wurde in der Geschichte des Christentums (zu) lange als Ausdruck und Beweis für eine Kollektivschuld des jüdischen Volkes am Tod Jesu gelesen. Im Sinne der Sippenhaft wurden *alle* Juden als „Gottesmörder" bezeichnet, die dadurch auch ihren Status als Gottes erwähltes Volk verloren haben.

Die antijüdische Polemik und Verachtung „der" Juden fand im 8. Jahrhundert nach Christus auch Eingang in den römischen Ritus, genauer in die Karfreitagsliturgie der Kirche. Die achte von neun Fürbitten galt den „treulosen Juden"; das sich anschließende Gebet sprach von der „Verblendung" des Volkes Israel. Alle Fürbitten wurden mit einer Kniebeuge bekräftigt. Nur nicht die für die Juden.

Es war (erst) Papst Johannes XXIII., der ein ebenso mutiges wie überfälliges Zeichen setzte und dem ein Ende bereitete. Am 18. März 1959 ließ er beim Karfreitagsgebet demonstrativ das „treulos" weg. In der Folge wurde das Weglassen ebenso verbindlich wie der schon 1956 eingeführte Kniefall nach der „Juden-Fürbitte".

Das II. Vatikanische Konzil (1962–1965) stellte ein für allemal klar: „Obgleich die jüdischen Obrigkeiten mit ihren Anhängern auf den Tod Christi gedrungen haben, kann man dennoch die Ereignisse seines Leidens weder allen damals lebenden Juden ohne Unterschied noch den heutigen Juden zur Last legen." Im 1970 erlassenen „Missale Romanum", dem für die katholische Kirche verbindlichen lateinischen Messbuch, wurde deshalb die Verfluchung „der treulosen Juden" ersatzlos gestrichen.

Die Wiederzulassung der sogenannten Alten Messe, d. h. des alten, vorkonziliaren Ritus, im Jahr 2007, hatte auch zur Folge, dass die alte Karfreitagsbitte wieder in Geltung und Gebrauch kam. Papst Benedikt XVI. verordnete deshalb 2008 eine Neuformulierung derselben in der alten Messe unter der Überschrift „Für die Bekehrung der Juden". Die Traditionalisten in der katholischen Kirche, allen voran die Piusbruderschaft, kritisierte das als Abweichung vom wahren Alten. Jüdische Stimmen hingegen sahen darin die neuerliche „subtile Aufforderung zur Judenmission".

7.
Höllenfahrt – Himmelfahrt – Wiederkunft

„(...) hinabgestiegen in das Reich des Todes; am dritten Tage auferstanden von den Toten. Aufgefahren in den Himmel; er sitzt zur Rechten Gottes, des allmächtigen Vaters. Von dort wird er kommen, zu richten die Lebenden und die Toten"

Tiefer kann man nicht fallen. Gestorben und begraben. Hinabgestiegen in das „Reich des Todes". Finden Sie nicht auch, dass das eigentlich ungeheuerlich ist, was wir da bekennen, wenn wir das Apostolische Glaubensbekenntnis sagen? Der Schul-„Katechismus für das Bistum Rottenburg" aus dem Jahr 1920, den meine Mutter während der fünfziger Jahren im Religionsunterricht auswendig lernen musste und der heute in meinem Bücherregal steht, ist sogar noch drastischer. Dort wird der lateinische Urtext des Apostolicums mit „Hölle" übersetzt. Jesus steigt in die Hölle hinab – was für eine kühne Aussage. Egal, ob „Reich des Todes" oder „Hölle", beides ist für die Ur-Kunde unsres Glaubens, die Heilige Schrift, ein „Ort des völligen Abgeschiedenseins". Ein Ort, wo man Gottes Angesicht nicht mehr sehen kann. Wo man von jeder Kommunikation mit Gott abgeschnitten ist. Weiter weg von Gott als hier kann man nicht sein. Das ist Karfreitag.

Am dritten Tage auferweckt

Weiter weg von Gott kann man nicht sein. Stimmt das auch für Jesus Christus? Ja und nein. Ja, es stimmt, weil er wirklich den allertiefsten Tiefpunkt des Menschseins durchmessen hat: das Getrenntsein von Gott „im Reich des Todes". Nein, es stimmt nicht, weil es dabei nicht geblieben ist. Am dritten Tage hat Gott ihn auferweckt, so bekennen wir in und mit dem Apostolischen Glaubensbekenntnis. Drei Tage, das ist für jüdische Ohren alles andere als eine neutrale Zeitspanne. In den Schriften des Volkes Israel ist der dritte Tag jeweils der Tag, an dem sich die Dinge zum Besseren wenden und alles heil und ganz wird. Gott, so ist man im jüdischen Glauben überzeugt, lässt die Gerechten niemals länger als drei Tage in Not.

Wenn Jesus am dritten Tage auferstand, dann wird damit eindeutig gesagt, dass *Gott* es war, der an ihm gehandelt hat. Gott hat ihn, den Gerechten schlechthin, nicht in Not gelassen. Er hat ihn, der am Kreuz gerufen haben soll „Mein Gott, mein Gott, warum hast du mich verlassen", nicht im Stich gelassen. Gott hat seinen Sohn nicht an dem Ort belassen, wo er von jeder Kommunikation mit ihm, dem Vater, abgeschnitten ist. Er hat ihn auferweckt, so dass er auferstehen konnte.

Die Verwunderung ist groß

Woher wissen wir das, was wir im Apostolischen Glaubensbekenntnis bekennen? Das wissen wir von den Osterzeugen, denen der Auferstandene erschienen ist. Am ersten Tag der Woche gingen, so der Evangelist Lukas, die

Frauen zum Grab. Doch der Stein vor dem Grab ist weggewälzt. Der Leichnam ist fort. Die Frauen, unter ihnen Maria Magdalena, gehen zurück in die Stadt und berichten den Aposteln, was sie gesehen haben. Die Apostel wissen nicht recht, was sie davon halten sollen. Weibergeschwätz? Petrus und der Lieblingsjünger liefern sich einen „regelrechten Wettlauf" zum Grab. Was Petrus da sieht – nämlich das, was die Frauen bereits erzählt hatten –, das löst in ihm Verwunderung (Lk 24,12) aus, aber noch keinen Glauben. Denn dass das Grab leer ist, das ist noch mehrdeutig. Das kann auch andere Gründe haben.

„Brannte uns nicht das Herz?"

Es ist der Auferstandene selber, der die Mehrdeutigkeit des leeren Grabes vereindeutigt. Er öffnet den Jüngern die Augen. Er schaut ihnen in die Augen, er erscheint ihnen und fordert sie auf, ihn doch anzufassen und „zu begreifen" (Lk 24,39). Dass und wie sie schließlich begreifen, das erzählt Lukas in der „Emmaus-Geschichte". Zwei Jünger sind auf dem Weg in ein Dorf namens Emmaus. Sie sprechen miteinander darüber, was sich ereignet hat. Da gesellt sich einer zu ihnen, der mit ihnen geht und sie nach dem Grund ihrer tiefen Traurigkeit fragt. Sie sind konsterniert: Dieser scheint der Einzige zu sein, der nichts weiß vom Schicksal des Jesus aus Nazaret. Sie erzählen ihm, was passiert ist. Und der Weggenosse sagt zu ihnen „Begreift ihr denn nicht?" und redet ihnen von den Propheten des Volkes Israels. In Emmaus angekommen, fordern sie ihn auf: „Bleib doch bei uns; denn es wird bald Abend (...). Da ging er mit hinein, um bei ihnen zu bleiben." Und als er mit ihnen bei Tisch war, da brach er das Brot und gab es ihnen. Da, beim Brechen des Brotes, fällt es den beiden wie Schuppen von den Augen. Da vereindeutigt sich alles. Da begreifen sie und sagen zueinander: „Brannte uns nicht das Herz in der Brust, als er unterwegs mit uns redete und uns den Sinn der Schrift erschloss?" Da begreifen sie: Dieser Weggenosse ist Jesus, der Auferstandene.

Aufgefahren in den Himmel

Der Auferstandene ist gleichwohl nicht gekommen, um zu bleiben. Er, der ganz tief gefallen war und von Gott auferweckt wurde, geht dorthin zurück, wo sein angestammter Platz seit Ewigkeit ist: an die Seite des Vaters. Der Höllenfahrt Jesu folgt somit die Himmelfahrt. Und es wird deutlich: Hölle und Himmel, das sind eigentlich gar keine Ortsangaben im Sinne der Geographie oder Topographie. Das meint nicht ein geographisches „Unten" und „Oben". Hölle und Himmel sind vielmehr zu lesen als Entfernungsangaben. Die Hölle ist die größtmögliche Distanz zu Gott. Weiter weg geht nicht. Der Himmel ist bestimmt durch größtmögliche Nähe zu Gott. Näher als an der Seite Gottes zu sein geht nicht. Das ist der Himmel. Und da gehört Jesus Christus hin. Darum kann er nicht bleiben.

Von dort wird er kommen, zu richten

Aber er wird wiederkommen, am Ende der Zeiten. Und er wird richten über uns alle, die Lebenden und die Toten. Das wird der Tag des Gerichts sein. Das ist aber auch schon alles, was das Apostolicum sagt und was wir, es sprechend, bekennen.

Die Bilder, die sich beim Sagen dieser so wortkargen Verse in unserem Kopf einstellen, sind zahlreich. Vor allem dies: drastisch und dramatisch. Es sind Bilder, in Stein gehauen, wie wir sie an den Portalen der romanischen Kirchen im Burgund sehen können. Schreckensszenarien eben. So wie das Weltgerichts-Tympanon der Kathedrale Saint-Lazare in Autun. Dort sieht man in der Mitte den Weltenrichter in einem in zahlreiche Falten gelegten Königsmantel. Zu seiner Rechten warten die Gerechten auf ihre Erhebung in den Himmel. Zu seiner Linken stehen die Verdammten bei der „Seelenwägung" an. Die zu leicht Befundenen werden von einem ausgemergelten Teufel in den Höllenkessel gezogen. Wenn auch dieses Schreckenszenario mehr der Ermahnung der Lebenden und weniger (oder gar nicht) als historische Vorschau gedacht war, bleibt doch die bange Frage: Wie wird Jesus richten – die Lebenden und die Toten? Diese Frage, ich gebe es gerne zu, nagt an mir. An Ihnen auch?

Im Fokus

Wie wird er richten?
Mt 25,31–46

Im 25. Kapitel des Matthäus-Evangeliums ist ausführlich die Rede davon, wie Jesus Christus am Weltenende richten wird.

1. Der Menschensohn wird uns teilen wie ein Hirte seine Herde aus Schafen und Ziegen (die in manchen Übersetzungen „Böcke" heißen). Das ist für einen Hirten kinderleicht.

In Palästina, so heißt es, sei es Brauch gewesen, Schafe und Ziegen zusammen auf der Weide zu halten. Ins Gehege kamen sie sich dennoch nicht. Ziegen klettern gerne auf schiefen Abhängen. Schafe hingegen bevorzugen ebene Flächen. Aber am Abend musste man Ziegen und Schafe trennen. Denn Ziegen haben es lieber wärmer im Stall, während Schafe ein dichtes Fell haben und besser draußen bleiben können. Am Ende eines jeden Tages trennte deshalb der Hirt Schafe und Ziegen. Die einen rechts, die anderen links. Die einen kommen in den Stall. Die anderen bleiben draußen. Und dabei gibt es überhaupt keinen Zweifel, welches Tier wohin gehört. Der Hirte muss gar nicht lange nachdenken, Zweifelsfälle gibt es nicht. Schaf ist Schaf und Ziege ist Ziege.

2. So wird es auch Jesus machen. Die einen links. Die andern rechts. Er richtet nicht wie ein Buchhalter und Krämer mit Rechnungsbüchern über Soll und Haben in der Hand. Er richtet wie ein Hirte, der uns in- und auswendig kennt. Denn er begegnet uns nicht zum ersten Mal beim Gericht. Er hat vielmehr als Hirte unser ganzes Leben begleitet. Und in dieser Begegnung am Ende aller Zeiten, da ist die Summe unseres Lebens präsent; nicht als rechnerisches Ganzes, nicht als additives Summenspiel, sondern als *unsere Gestalt.* Der Hirte sieht auf diese unsere Gestalt und erkennt im „Uns-Ansehen", wer wir geworden sind in der uns zugemessenen Lebensspanne.

3. „Mich hungerte, und ihr gabt mir zu essen; mich dürstete, und ihr gabt mir zu trinken; ich war Fremdling, und ihr nahmt mich auf; ich war nackt, und ihr bekleidetet mich; ich war krank, und ihr besuchtet mich; ich war im Gefängnis, und ihr kamt." Das wird zählen. Das sind die ganz einfachen großen Dinge und Gesten des Lebens: das Brot und

das Wasser, das Dach über dem Kopf und die Kleider am Leib. Der Trost und der Beistand für die Kranken und Notleidenden. Sie zu gewähren, das ist die neue Ordnung des Reiches Gottes. Sie geben uns unsere Gestalt und verschaffen uns sein Ansehen.

4. Die, welche die ewige Seligkeit erben, wird er an seine Seite rufen. Da ist ihr Platz und da waren sie eigentlich schon immer. Wer an der Seite der Hungernden und Dürstenden ist, der ist schon heute, im Hier und Jetzt, an der Seite Jesu Christi. Der ist bereits Teilhaber und Erbe des Reiches Gottes. Die zur Linken werden nicht hergerufen. Sie bleiben draußen, bleiben „apart". Eine Apartheid, die sie schon immer praktizierten. Und so manifestiert das Gericht nur, wohin ein jeder sich selbst gestellt hat. Man bleibt „nur" da, wo man sein ganzes Leben über war.

5. „Wann sahen wir *dich* hungrig und speisten *dich?"* Diese merkwürdige Unwissenheit der Gerechten sagt viel über das Tun der Gerechten und das gerechte Tun. Warum? Die Gerechten haben einfach getan, was zu tun war: Wo sie den Hungrigen sahen, gaben sie ihm Brot. Wo sie den Dürstenden sahen, gaben sie ihm zu trinken. Sie sahen den Anderen an in seinem Leid, sie schauten nicht weg. Sie halfen ihnen aber nicht etwa, um Christus zu gefallen oder um mit diesem Tun Punkte zu sammeln wie bei einem Bonus-Programm à la „miles and more". Ihre Unwissenheit verrät: Die Gerechten sahen im Hungernden nicht Christus. Es ist *erst der Richter,* der das Junktim herstellt: „Was ihr dem Nächsten getan habt, habt ihr mir getan." Die Gerechten sahen nicht durch den Hungrigen hindurch auf Christus hin. Der Notleidende, der Kranke, der Hungrige war ihnen nicht Mittel zum Zweck, um das eigene religiöse Punktekonto aufzubessern. Wäre dem so, wären die Werke der Barmherzigkeit,

das Geben von Brot und Wasser, das Besuchen und der Zuspruch, nur Selbstgerechtigkeit und Werkgerechtigkeit. Denn es wäre gar nicht der Leidende in seinem Leid gemeint, sondern eigentlich nur das eigene Heil.

Der Andere, der mir in seinem Leid begegnet, würde zum Mittel meiner eigenen Seligkeit. Wäre dem so, würde etwas ganz Furchtbares geschehen: Es würde nicht das Leid des Bedürftigen gelindert; es würde verdoppelt und verdreifacht, weil wir ihn nicht *an*schauen würden, sondern nur durch ihn *hindurch*schauen auf unsre eigene Seligkeit.

6. Und die zur Linken? Die „ewige Pein“ der Hölle, so dürfen wir aus all dem schließen, wird wohl das Feuer sein, das in uns brennt, wenn uns unsre Lebensapartheid aufgeht.

8.
Macht euch auf, bringt Frucht, liebt einander

„Ich glaube an den Heiligen Geist“

Sitzen gelassen zu werden, das ist nicht schön. Sind wir Christen Sitzengelassene? Hat uns Jesus Christus, der die große Mitte des Apostolischen Glaubensbekenntnisses bildet, nicht sitzen lassen? Er ist doch, davon war im letzten und vorletzten Kapitel die Rede, nach seiner Auferstehung in den Himmel aufgefahren, wo er nun sitzt, zur Rechten Gottes. War also alles doch nur ein Märchen? Ein wunderschönes Heilsspektakel, aber ohne irgendwelche Folgen für uns? Alles wieder wie gehabt? Er, der Sohn Gottes, lebt dort, wo er hingehört: an der Seite Gottes. Und wir hier auf Erden, wo wir unseren Weg gehen und die uns zugemessene Zeit leben; wissend, dass uns eines ganz sicher ist: das irgendwann Aufhören-Müssen, das Sterben, der Tod. Der Schein, wir wissen es, trügt. Dem Heiligen Geist sei Dank. Denn Jesus Christus ist, so paradox es sich anhört, an die Seite Gottes zurückgegangen, um bei uns Menschen anzukommen und vor allem dies: um bei uns zu bleiben. Anders gesagt: Er macht sich nicht aus dem Staub. Jesus „wurde zu dem Ehrenplatz an Gottes rechter Seite erhoben und erhielt von seinem Vater die versprochene Gabe, den Heiligen Geist, damit er ihn über uns ausgießt“ (Apg 2,33).

„Wie eine Taube vom Himmel"

Die (weiße) Taube ist uns als ikonographische Darstellung des Heiligen Geistes vertraut. Wir kennen sie von Kirchenfenstern, Deckenfresken und Heiligenbildchen. Der Geist als Taube – dieses Bild stammt aus der Bibel selber. Genauer aus jener Szene, die man die Taufe Jesu durch Johannes den Täufer nennt. Johannes taufte Jesus mit Wasser aus dem Jordan, als er sah, dass „der Geist herabkam" auf Jesus „wie eine Taube vom Himmel" (Joh 1,32). Die Zurückhaltung der biblischen Schriftsteller, was das Aussehen des Geistes angeht, ist jedoch selbst hier offenkundig. Der Geist kommt „wie eine Taube", nicht aber als Taube auf Jesus herunter. Das Herabkommen des Geistes an Pfingsten über Apostel, Juden und fromme Menschen aus allen Völkern beschreibt die Bibel ebenfalls zurückhaltend mit dem Bild des Sturmes und mit Zungen „wie von Feuer". Diese Zurückhaltung hat wohl namentlich damit zu tun, dass die Heilige Schrift, wenn sie vom Geist redet, eigentlich ausschließlich über sein Wirken, nicht aber über sein Wesen und seine Gestalt spricht. Anders gesagt: Wie er aussieht, weiß man nicht. Aber an dem, was er tut, was er bewirkt, erkennt man, dass er da ist. Was aber wirkt er, der Heilige Geist?

Seelenpflaster für Sitzengelassene?

Der Geist bewirkt, dass das, was Jesus Christus war und ist, bei uns Menschen ankommt und bleibt. Der Geist, der im kirchlichen Liedgut auch „Lebensbrunn", „Licht", „der Seele Salbung", „Tröster" genannt wird, ist mehr als ein

Vertröster und Seelenpflaster für Sitzengelassene. Er ist auch mehr als einer, der versucht, die mit der Zeit immer mehr verblassende Erinnerung an Jesus Christus wachzuhalten. Der Geist ist „Unterpfand" und „Gnadenpfand" von Jesu bleibender Gegenwart. Er macht, dass wir im wahrsten Sinn des Wortes Jesu Schicksalsgenossen werden. Dass wir Menschen hineingenommen werden in sein Leben an der Seite Gottes. Denn dort gehört nicht nur er hin, der eine Sohn Gottes. Dorthin gehören wir alle, die wir durch die Taufe zu Gottes Kindern und seinen Geschwistern geworden sind. In der Taufe werden wir alle „durch einen Geist" auf seinen Namen „zu einem Leib getauft" (1 Kor 12,13) und unsere Schicksalsgemeinschaft mit ihm wird offenkundig. Der Heilige Geist ist es, der jeden Einzelnen in der Taufe ruft und der uns alle zusammen zum Leib Christi macht und Gemeinschaft stiftet. Das ist es, was wir als Kirche an Pfingsten feiern. Unseren Ursprung aus dem Geist, jener Kraft Gottes, die Leben schafft.

Der Geist beruft uns zu Zeugen

Bei Schicksalsgemeinschaften gilt, was man im Volksmund salopp so umschreibt: mitgehangen – mitgefangen. In der Tat: Mit hineingenommen werden in das Schicksal Jesu, das ist nicht ohne. Das ist kein Ruhekissen und schon gar kein Freibrief, um es sich in der Heilsgemeinschaft der Getauften und Erlösten bequem zu machen. Ganz nach dem Motto: Ach, wie schön zu wissen, dass wir durch die Taufe Brüder und Schwestern Jesu wurden und wir nun hoffen dürfen, dass Gott auch uns auferwecken und an seine Seite rufen wird am Ende aller Zeiten. Die Gemeinschaft, die der Geist stiftet, verlangt uns etwas ab. Hier und heute. Der Geist ruft in die Zeugenschaft. „Ihr werdet mit dem Heiligen Geist erfüllt werden, und dieser Geist wird euch die Kraft geben, überall als meine Zeugen aufzutreten: in Jerusalem, in ganz Judäa und Samarien und bis ans äußerste Ende der Erde“ (Apg 1,8).

„Macht euch auf, bringt Frucht, liebt einander“

Wie das geht, Zeuge zu sein, das bringt das Johannesevangelium auf die wunderbar einfache Formel: „Macht euch auf, bringt Frucht, liebt einander“ (Joh 15,16–17). Man muss, um sich aufzumachen, nicht bis ans äußerste Ende der Welt gehen. Die Wege von Mensch zu Mensch, von Herz zu Herz sind oft unendlich viel weiter als der Weg von hier bis ans Ende der Welt. Haben wir uns aufgemacht, sollen wir Frucht bringen. Nicht Lippenbekenntnisse sind gefragt und auch nicht fromme Reden. Jesus wird als Christus dort bezeugt, wo Menschen das tun, was er getan hat. Sie erinnern sich an das fünfte Kapitel? Gottes Liebe, seine Gerechtigkeit und sein Frieden sollen die irdisch-weltlichen Verhältnisse, die Strukturen und die Spielregeln bestimmen. Die, die in der gesellschaftlichen Privilegienordnung nichts gelten und im Abseits stehen, sollen in die Mitte rücken. Die Rechtlosen sollen ins Recht gesetzt, die Hungernden gesättigt und die Trauernden getröstet werden. Das ist es, was Jesus nicht nur gepredigt, sondern auch ganz konkret getan hat.

In seiner Kraft das Gute tun

Aber machen wir uns nichts vor: Das können wir nicht aus uns selber. Das übersteigt unsere eigene Kraft und vor allem auch unseren eigenen Mut. Wir stehen alle lieber an der Seite der Einflussreichen und der Mächtigen. Wir als Einzelne und wir als Kirche brauchen die Kraft und die Stärke des Heiligen Geistes, um uns dahin zu stellen, wo wir hingehören, wenn wir zu Jesus gehören.

Der Geist ruft uns Menschen nicht nur in die Zeugenschaft, sondern er befähigt uns auch allererst dazu, Zeugen zu sein und das zu tun, was Jesus tat. „Komm heil'ger Geist, der Leben schafft, erfülle uns mit deiner Kraft" singen wir deshalb zu Recht jedes Jahr nicht nur, aber besonders an Pfingsten. „Entflamme Sinne und Gemüt / dass Liebe unser Herz durchglüht / und unser schwaches Fleisch und Blut / in deiner Kraft das Gute tut" (Friedrich Dörr 1969, nach dem Hymnus „Veni creator spiritus"). An dem, was der Geist bewirkt, erkennt man, dass er da ist.

Wo das Gute getan wird, da ist er am Werk. Überall da.

Im Fokus

Das Dreifaltigkeitsfresko in Urschalling

„Den Heiligen Geist in menschlicher Gestalt, zusammen mit Gottvater und Gottsohn oder für sich, darzustellen, ist verboten." Das verordnete das Heilige Offizium in Rom am 16. März 1928. Der oder die Künstler, welche das Dreifaltigkeitsfresko in der Sankt-Jakobus-Kirche im oberbayerischen Urschalling (Chiemgau) geschaffen haben, konnten jedoch

Hl. Dreifaltigkeit, Sankt-Jakobus-Kirche Urschalling, © Foto Berger, Prien

nicht wegen Zuwiderhandlung gegen diese Verordnung zur Rechenschaft gezogen werden. Sie waren zum Zeitpunkt, als dieses Verbot ausgesprochen wurde, bereits seit acht Jahrhunderten tot.

Gewagt ist das Fresko aber auf jeden Fall. Nicht nur, weil es den Heiligen Geist als Person darstellt. Sondern auch, weil nicht einmal klar ist, ob diese Person männliche oder weibliche Gesichtszüge trägt. Sprich, ob es sich bei der dargestellten Person um einen Mann oder eine Frau handelt. Es war der katholische Befreiungstheologe und Franziskanerpater Leonardo Boff, der auf das pikante Detail hingewiesen hat, dass in der unteren Hälfte des Freskos eindeutig männliche und weibliche Genitalien zu sehen sind.

Müssen wir konsterniert sein? Ist das ein Tabubruch? Ungehörig und unanständig? Gehört das übermalt? Ich glaube, wir dürfen das gelassen sehen. Denn es gilt auch hier das, was bereits im dritten Kapitel zu sagen war: Wir Menschen brauchen Bilder. Das ist wahr. Aber alle Bilder, die wir von Gott machen, sind selbstgemacht, sind Bilder nach unserem eigenen Bild und Maß. Ebenso wahr ist: „Gott ist weder Mann noch Frau, er ist der Schöpfer von Mann und Frau“ (Joseph Ratzinger). Beide Wahrheiten müssen wir uns eingestehen. Beide müssen wir aushalten. Und auch das: Beide sind *nur* zusammen wahr.

9.
Kirche – wirklich heilig?

„Ich glaube die heilige katholische Kirche“

Sind Sie über den Untertitel gestolpert? Haben Sie sich gefragt, ob da nicht ein „an“ fehlt? Müsste es nicht, wie bei den bisherigen Artikeln des Apostolischen Glaubensbekenntnisses – „Ich glaube *an* Gott“ (...) „Ich glaube *an* Jesus Christus“ (...) „Ich glaube *an* den Heiligen Geist“ – nun heißen „ich glaube an die heilige katholische Kirche“? Seien Sie versichert: Es ist kein Schreibfehler. Es gehört hier einfach kein „an“ hin. Warum? Weil es nicht drinsteht im Apostolicum. Und zwar aus gutem Grund.

Die Kirche – das Wodurch unseres Glaubens

Der Dogmatikprofessor und Kardinal Walter Kasper hat das auf den Punkt gebracht. „Die Kirche und alles, was mit ihr gegeben ist (...) werden in einer anderen Weise geglaubt als Gott, welcher in Jesus Christus durch den Heiligen Geist zu unserem Heil handelt. Auf ihn allein bezieht sich der Glaube unmittelbar; er bildet seinen eigentlichen Inhalt. Die Kirche, ihre Sakramente und Ämter sind dagegen nur Heilsmittel; auf sie bezieht sich der Glaube nur insofern, als sie das Heil vergegenwärtigen und vermitteln.“ Kurz: Wir glauben nicht an die Kirche (an den Papst oder an Dogmen), denn diese sind „nur“ das Wodurch, nicht jedoch der Inhalt unseres Glaubens. Das Ein und Alles unseres Glaubens ist nur Gott selber. Er ist es, an den wir unser Herz hängen, in dem wir unser Herz verankern und den wir Wurzeln schlagen lassen in unserem Herzen. Was heißt das dann aber: „die heilige, katholische Kirche glauben“?

Was heißt katholisch?

Wenn wir uns im Alltag unterhalten, ist klar, was einer meint, wenn er von „katholisch“ redet. „Die“ Katholischen sind die, die nicht evangelisch sind. „Katholisch“ und „evangelisch“ sind geläufige, umgangssprachliche Bezeichnungen für die verschiedenen christlichen Konfessionen. Als das Apostolische Glaubensbekenntnis im 3./4. Jahrhundert in der römischen Ortsgemeinde gebetet wurde und im 9. Jahrhundert für die ganze Kirche des Westens verbindlich wurde, gab es aber noch keine Spaltung des Christentums in die Konfessionen „römisch-katholisch“ und „protestantisch“. Die Reformation und die in ihrem Gefolge vollzogene Spaltung ist ein Kind des 16. Jahrhunderts. Wenn wir heute im Gottesdienst das Apostolische Glaubensbekenntnis sprechen, dann dürfen wir das „katholisch“ gerade nicht im Sinne unseres alltäglichen Sprechens als Gegenbegriff zu evangelisch-protestantisch verstehen. Katholisch meint hier gemäß seiner griechischen Wurzel „allumfassend“.

Die katholische Kirche im Sinne des Apostolicums ist das allumfassende Wir der Getauften. Das Apostolische Glaubensbekenntnis hat ja seinen Platz in der frühen (römischen) Gemeindepraxis des 3./4. Jahrhunderts. Es wurde dort in der Zeit der Vorbereitung auf die Taufe den Erwachsenen ausgehändigt. Diese sollten es in ihrem Herzen bewenden und am Tag der Taufe bekennen. Durch die Taufe machten sie nicht nur ihre Verwurzelung in Gott öffentlich. Sie wurzelten sich damit auch ein ins allumfassende Wir der Getauften. Das „Ich glaube" des Täuflings war und ist eingebettet in das vorgängige ekklesiale „Wir glauben".

Keiner glaubt aus sich allein

Das Wir der Getauften ist nur das Wodurch des Glaubens. Aber es ist ein elementar wichtiges, ein notwendiges und unabdingbares Wodurch. „Die Kirche glauben" heißt bekennen, dass keiner von uns aus sich allein zum Glauben kommt. Wir gehen im Wir der Getauften in die „Schule". Hier lernen wir das ABC des Glaubens. Im Leben der Kirche, in der Feier der Liturgie und der Sakramente hören und sehen und schmecken wir, wer dieser Gott ist, dessen Namen wir tragen. An der Seite meiner Urgroßmutter habe ich als Kind nicht nur das Apostolische Glaubensbekenntnis, sondern auch das Vaterunser gelernt und mich in die Melodie des Sonntags eingeübt. An ihrer Hand bin ich mit zu Begräbnissen und zur Maiandacht gegangen und habe Heiligenbildchen im Gesangbuch gesammelt. Was für mich meine Urgroßmutter war, das war für Sie vielleicht Ihre Mutter oder Ihr Großvater? Sie und ich, wir alle haben es uns beibringen lassen, das Beten und das Singen und das Glauben, das „Uns-Einwurzeln" in Gott. Erinnern Sie sich? Fragen Sie sich, ob sich unsere Kinder, unsere Enkelkinder später einmal auch noch an die Melodie und das Parfum des Sonntags erinnern werden? Wir sollten ihnen zumindest die Chance geben und sie mitnehmen in die „Schule" der Getauften.

Keiner glaubt für sich allein

„Die Kirche glauben" heißt auch, keiner von uns glaubt für sich allein. Wer sich einwurzelt in Gott und Jesu Namen trägt, ist kein Einzelgänger. Der gehört zur großen Familie der Getauften und lebt mit und in dieser seinen Glauben. Der weiß, dass es im Glauben und Leben der Kirche nicht um eine Gewinnoptimierung des privaten Glücks geht. Der weiß aus dem Lebensbeispiel Jesu Christi, dass das Sich-Verwurzeln in Gott und das Leben aus der Beziehung zu Gott das Hier und Jetzt prägen müssen. Das ist die unabdingbare, undispensierbare Aufgabe des Wir der Getauften und zugleich der Sinn von Kirche überhaupt: nicht müde zu werden und Tag für Tag dem Reich Gottes und seiner Verwirklichung zu dienen. Kirche ist kein Selbstzweck. Sie ist nicht zu ihrer eigenen Verherrlichung da. Die Kirche ist auch nicht das Reich Gottes. Nein: Sie hat dem Reich Gottes zu dienen, unbeirrt in der Spur dessen, dessen Namen wir tragen und der uns seinen Geist bleibend verheißen hat.

Wirklich heilig?

Kann man nach den Missbrauchsskandalen heute noch sagen, die Kirche sei heilig? Muss uns da nicht die Schamesröte ins Gesicht steigen? Verschlägt es uns da nicht fast die Sprache und bleibt uns das „heilig" nicht buchstäblich im Hals stecken? Wir können und dürfen es *nur* sagen, weil gilt: Die Kirche ist *nicht* deshalb heilig, weil wir, die Menschen, die wir zu ihr gehören, im moralischen Sinn heilig und untadelig wären. Das wissen wir von uns selber. Und das haben (zu) viele, die der Obhut kirchlicher Institutionen anvertraut waren, am eigenen Leib auf grausame Weise erfahren müssen. Dafür müssen wir uns alle schämen.

Nein. Die Kirche ist *nicht wegen, sondern trotz* uns Gläubigen heilig, insofern sie Gottes Unterpfand und sakramentales Zeichen seiner bleibenden Gegenwart ist. Insofern sie ganz von ihm her ist und das lebt, was er ist: Gerechtigkeit, Frieden, Barmherzigkeit und Liebe. Wo sie das nicht ist, sündigt sie. Sie versündigt sich am Menschen und an Gott. Dann ist die Heiligkeit dessen, von dem her sie eigentlich leben sollte, ihr Gericht.

Es gibt ein afrikanisches Sprichwort, das lautet: „Das, was du tust, schreit so laut, dass ich nicht hören kann, was du sagst." Machen wir, dass man wieder hören kann, was wir als Kirche zu sagen haben.

Im Fokus

katholisch = römisch-katholisch?

Sie haben die Stirn gekräuselt beim Lesen und gedacht: Das ist ja nett und gut, dass das katholisch hier nicht identisch ist mit der Konfessionsbezeichnung. Aber, so fragen Sie zu Recht, ist denn nicht spätestens seit der Reformation, also der Spaltung der Christenheit im 16. Jahrhundert, die katholische Kirche identisch mit der römisch-katholischen, weshalb zwischen beiden ein uneingeschränktes Gleichheitszeichen zu setzen ist?

Das Zweite Vatikanische Konzil (1962–1965) hat festgehalten, dass die katholische Kirche in der römisch-katholischen Kirche „verwirklicht ist". Es hat hierfür das lateinische Verb „subsistit in“ und nicht „est“ verwendet. Daraus hat der Großteil der Theologen geschlossen, dass es gerade *kein exklusives Gleichheitszeichen* zwischen der katholischen (catholica) und der römisch-katholischen Kirche habe machen wollen. Anders gesagt: Man glaubte begründet sagen zu können, dass es *erstens* Kirchen und kirchliche Gemeinschaften auch außerhalb des Sozialgefüges der römisch-katholischen Kirche gebe; dass diese *zweitens* auch Elemente von Heiligkeit und Wahrheit bewahrt haben; dass *drittens* diese Kirchen und kirchlichen Gemeinschaften „irgendwie“ auch die katholische Kirche repräsentieren.

An dieser Auslegung wurde zunehmend Anstoß genommen, weil so der Eindruck entstehen könnte, die römisch-katholische Kirche sei defizitär und ihr fehle etwas zum wirklich „Katholisch-Sein“. Papst Johannes Paul II. hat daraufhin im Jahr 2000 im Dokument *Dominus Jesus* klargestellt, dass *erstens* die reformatorischen Kirchen „nicht Kirchen im eigentlichen Sinn“ sind; dass *zweitens* die Kirche Christi „voll nur in der katholischen Kirche“ weiterbesteht und nur sie „institutionell vollständig“ sei; dass *drittens* zum Katholische-Kirche-Sein notwendig und unabdingbar die Existenz des Amtes in ungebrochener bischöflicher Sukzession gehöre. Nur die orthodoxen Kirchen dürfen als „echte Teilkirchen“ bezeichnet werden, da sie einen gültigen Episkopat haben und die Eucharistie gültig feiern. Die Kirchen der Reformation hingegen sind laut *Dominus Jesus* „nicht Kirchen im eigentlichen Sinn“. Sie haben die Apostolizität der Kirche im Amt nicht gewahrt und feiern die Eucharistie nicht gültig.

Für die aus der Reformation hervorgegangenen Kirchen war dieses Dokument eine Ohrfeige. Es ist aus ihrer Sicht eine tiefe Kränkung, ein Akt der Enterbung und Ausgrenzung. Es mache aus legitimen Familienmitgliedern illegitime Bastarde und aus Geschwistern Stiefgeschwister.

Warum nur, so fragen nicht nur die amtlichen Vertreter dieser Kirchen. Auch meine Tochter fragt mich das. „Soll das heißen, dass Papa, nur weil er reformiert ist, eine Art Stiefkind Gottes ist? Oder dass deine Kirche besser und christlicher ist als die seine? Das glaubst du doch selber nicht, oder, Mama?“ Nein, mein Kind, das glaube ich selber nicht. Denn: Römisch-katholisch, reformiert, lutherisch, orthodox, das sind nur unsere Beinamen. Unser aller gemeinsamer Name aber ist der: Gottes Kind und Christ.

10.
Das letzte „Wohin“ von Mensch und Welt

„Gemeinschaft der Heiligen,
Vergebung der Sünden,
Auferstehung der Toten
und das ewige Leben“

Zugegeben. Die Schlussverse des Apostolischen Glaubensbekenntnisses platzen fast aus allen Nähten. Mehr noch: Sie wirken irgendwie disparat und „zusammengeschustert“. Vieles, wenn nicht zu vieles, scheint in ein einziges Päckchen verschnürt: die Heiligen und die Sünden, die Toten und das ewige Leben. Doch halt. Ich wage die These: All das, was hier zur Sprache kommt, sind letztlich nur Variationen und Varianten eines einzigen Themas: *Worauf es mit uns Menschen im Letzten hinaussoll.* Was uns Menschen erwartet, dann, wenn wir ganz am Ende der uns zugemessenen Lebenszeit angekommen sind. Dann, wenn unsre schwerste Stunde schlägt. Und ein jeder und eine jede von uns ganz allein und unvertretbar sterben muss. Schluss. Aus. Amen?

Definitiv und nicht widerrufbar?

Was wir in der uns zugemessenen Lebenszeit gesagt und getan, was wir nicht gesagt und nicht getan haben, wird in unserem Sterben definitiv und nicht widerrufbar. Es wird endgültig. Das war es dann. Was? Das, was war, war manchmal gut und stimmig und leicht. Aber es war bisweilen auch brüchig und unausgegoren und schwer. Alle Tage und alle Jahre unseres Lebens bleiben wir bei allem Bemühen, bei allem Gelingen und Schönen immer wieder hinter dem zurück, was wir eigentlich sein wollen und sein können. Was wir sein können als Menschen, die wir im Angesicht Gottes unseren Weg auf diesem Flecken Erde gehen. Dort, wohin wir gestellt sind und wo wir mehr oder weniger daheim sind: in einer Familie, in einem Dorf, in einer Stadt, in einem Beruf und in einer Arbeitswelt, in einem Land. In einem Leben. In unserem Leben. Vor Gott.

Sich und einander und Gott verfehlen

Auf diesem Weg geht es uns allen mehr oder weniger gleich. Nämlich so, wie es dem Apostel Paulus auch ging: Das Gute, das wir wollen, tun wir nicht. Das Böse, das wir nicht wollen, das tun wir. Wir wissen, dass das, was wir sagen werden, den Andern verletzen wird. Und sagen es doch. Wir wissen, dass wir dies und das besser nicht tun würden, weil wir anderen damit schaden. Und wir tun es doch. Und so verfehlen wir in unserem Sagen und Tun immer wieder das, was wir sein könnten. Wir verfehlen uns. Wir verfehlen unsere Mitmenschen. Wir werden nicht die, die wir in Gottes Augen sein könnten. In der Sprache der Theologie und des Katechismus heißt dieses „einander verfehlen" Sünde. Wenn wir im Apostolicum die „Vergebung der Sünden" bekennen, sagen wir, dass dieses Sich-Verfehlen am Ende nicht bleiben wird. Gott wird machen, dass wir ganz am Ende erkennen, wer wir hätten sein können, und er wird machen, dass wir die sein werden, die wir in seinen Augen schon immer hätten sein sollen: Schicksalsgenossen seiner Liebe.

Sündenregister à la Flensburg?

Vergebung der Sünden ist keine jenseitige Generalamnestie und auch nicht das Löschen eines Sündenregisters à la Flensburg durch einen himmlischen Oberbuchhalter. Es ist etwas anderes. Wenn es ans Sterben geht, dürfen wir hoffen, Gott zu begegnen von Angesicht zu Angesicht. Dann können wir ihn und uns und einander nicht mehr verfehlen. Dann gehen uns die Augen auf. Über uns und unser Leben. Und über ihn. Wenn wir im Apostolicum die Vergebung der Sünden bekennen, dann sagen wir damit, dass wir glauben, dass Gott machen kann, dass das, was krumm und brüchig und falsch war in der uns zugemessenen Lebenszeit, nicht dauern wird in seiner Ewigkeit. Dass es aufgehoben sein wird. Dass es gut wird und ganz. Wie Gott das machen wird, dass das Krumme gerade und das Brüchige ganz und das Falsche richtig wird, das können wir nur ahnen. Eines scheint aber sicher: Es wird, wie wir beim Nachdenken über das „Richten der Lebenden und Toten" im achten Kapitel gesehen haben, schmerzhaft sein. Es wird höllisch weh tun, wenn uns unsere eigene Lebensapartheid aufgehen wird.

Ewigkeit – Unser Jenseits

Der Zielklang der Hoffnung, die uns Christen beseelt und trägt, heißt in der Sprache des Apostolicums „Auferstehung der Toten“ und „Ewiges Leben“. Das Anfangen und Aufhören, das Geborenwerden und das Sterbenmüssen von einem jeden von uns wird ein Ende haben. Wir werden selber enden. Aber wir werden nicht als Tote enden. Sondern wir werden unser Ende haben in Gottes Ewigkeit. Das ist es, worauf es hinaussoll mit uns und unserem Leben. Ewigkeit, das meint nicht eine unendlich lange Zeit. Ewigkeit ist das Jenseits von Anfang und Ende, von Raum und Zeit. Ewigkeit ist das ganz Andere der Zeit und das ganz Andere von Raum. Ewigkeit ist ein „Immer“. Ein immerwährendes Jetzt und Hier, das nicht vergeht, sondern bleibt. Der Himmel, er ist nicht ein Ort, er ist ein Sein. Er ist unser Sein in Gottes Immer. Das ist der Himmel und das Jenseits, auf das wir hoffen.

(Zu) billiger Trost?

Die Hoffnung auf dieses (!) Jenseits ist alles andere als ein billiger Trost. Und sie ist allemal kein Freibrief. Zu hoffen, dass das, was krumm und brüchig und falsch war in unserem Leben, nicht bleiben wird, bedeutet nicht, dass es egal ist, wie wir leben. Das dispensiert uns nicht davon, das Gute jeden Tag neu zu suchen und die „tätige Liebe“ zu üben. Es bedeutet nur, dass wir nicht verzweifeln müssen an uns, wenn es uns nicht gelingt, aus eigener Kraft das Gute nicht nur zu wollen, sondern auch zu tun.

Was hat die „Gemeinschaft der Heiligen" damit zu tun?

Heilige sind Menschen, die schon heute, vor dem Ende aller Zeiten und Welten, in seiner Ewigkeit angekommen und aufgehoben sind. Heilige werden sie genannt, weil sie in der ihnen zugemessenen Lebenszeit das geworden sind, was sie in Gottes Sinn und Plan sein sollten und konnten: Schicksalsgenossen seiner Liebe. Ikonen seiner Liebe. Oder weniger pathetisch: Menschen, die ihren Weg in seiner Spur gegangen sind. Menschen, die schlicht und einfach Menschen nach Gottes Bild waren. Und damit nicht mehr und nicht weniger als das, was auch wir sein können. Weshalb, nebenbei gesagt, wir alle das Zeug zum Heiligen hätten. Eigentlich.

Ein sehr persönliches Postscriptum

Wie das sein wird mit meinem Ende, mit dem Tod und mit mir – ich weiß es nicht. Ich kenne seine Melodie nicht. Ich kann auch nicht sagen, dass ich ihn ohne Furcht und Angst erwarte. Wer kann das schon von sich?

Was aber mein Gemüt in seiner Furcht zu trösten vermag, das ist der Glaube meiner Urgroßmutter. Meistens zumindest.

An ihrer Hand habe ich mich in die Melodie des Sonntags und des Apostolicums eingeübt. Jahre bevor meine Urgroßmutter fast hundertjährig starb, sagte sie, es sei nun aber höchste Zeit, dass der Herrgott sie zu sich hole. Ich für mich hoffe, dass dann, wenn meine Stunde schlägt, sie mir helfen wird, mich in die Melodie des Endes einzuüben. Dass sie dort sein wird, wohin ich gehen werden muss. Dorthin, wo Raum und Zeit aufhören. In Gottes Ewigkeit. Dass sie mich an der Hand nehmen wird wie einst als Kind, als ich mit ihr zum Gottesdienst und zu Beerdigungen ging. Und dass sie zu mir sagen wird: „Komm, ich bin da."

Im Fokus

Alles wird gut für alle?

Worauf es mit uns Menschen hinaussoll – das ist das große Thema dieses letzten Kapitels. Doch aufmerksamen Lesern wird der Widerspruch zum siebten Kapitel nicht entgangen sein. Dieser Widerspruch, was den Zielklang unserer Hoffnung angeht, lässt sich auf die beiden Formeln bringen: „Die einen in Gottes Ewigkeit, die andern apart (Hölle)" oder „Alles wird gut für alle".

Dieser Widerspruch, der hier im Apostolicum selber (!) aufscheint, ist bei uns Theologen Gegenstand heftiger Auseinandersetzungen. Im theologischen Fachjargon heißen die beiden Positionen „doppelter Ausgang" und „Apokatastasis panton" (Allversöhnungslehre). Namentlich letztere Position wird bis herauf ins 21. Jahrhundert der Häresie verdächtigt. Das Allversöhnungs-Denken – „alles wird wieder gut" – sei ungeschichtlich und fahrlässig. Es entwerte des Menschen Tun in seiner Lebenszeit und mache es zur Marginalie. Wenn am Schluss sowieso alles wieder gut sein wird, dann habe das, was der Mensch auf Erden tut, keine Relevanz. Dann kommen der ruchlose Mörder, der Kinderschänder und alle anderen Verbrecher dieser Welt ungeschoren davon. Und das wäre – da haben die Kritiker der Allversöhnungslehre Recht – Zynismus pur. Das wäre der Triumph des Bösen und des Monströsen. Das könne Gott nicht wollen.

Gewiss. Doch es bleibt da ein Aber, das das Apostolicum teilt und das ein Theologe so formuliert hat: „Wenn ich mich für die Hölle entscheide, muss mich Gott dann dort hinstecken, ob er will oder nicht?" Andere haben ihm entgegnet: Gott respektiert einfach die Freiheitsentscheidung des Menschen. Und damit auch seine Entscheidung fürs Böse.

Gewiss. Das tut er.

Aber, so fasse ich mich als Theologin selber an die Nase: Müssen wir bei all der Richtigkeit unserer Argumente nicht aufpassen, dass wir die Möglichkeiten und die Größe der liebenden Zuneigung Gottes nicht kleinreden? Wir Theologen – und ich schließe mich hier ausdrücklich mit ein – sollten beim Apostolicum in die Schule gehen und lernen, dass nur beides zusammen wahr ist: das „Himmel und Hölle" *und* das „alles wird gut".

Literaturhinweise

Es ist dem Genre dieses Buches geschuldet, dass es ohne Fußnoten und ohne wissenschaftliche Literaturbelege erscheint. Es versteht sich aber von selbst, dass ich nicht alles aus mir selber geschöpft habe, sondern durch die von mir konsultierte einschlägige Literatur zum Apostolischen Glaubensbekenntnis und zu seinen Sachthemen ebenso inspiriert und bereichert bin wie durch die Denkschule meines Tübinger Lehrers Max Seckler. Nachfolgend sollen im Sinne einer Auswahlbibliographie einige Titel angeführt werden, die den interessierten Leser nicht nur über meine eigenen Quellen in Kenntnis setzen, sondern mehr noch ihn dazu anregen wollen, selber weiterzugraben und abzutauchen in die weite Welt des Credo.

Nicht eigens aufgeführt werden die von mir konsultierten Artikel zum Apostolischen Glaubensbekenntnis in theologischen Lexika, dogmatischen Handbüchern sowie die von mir benützten Kommentarwerke zum Alten und Neuen Testament.

Literarisches

Kunze Reiner, Die Liebe, in: Moderne deutsche Liebesgedichte. Von Stefan George bis zur Gegenwart. Hg. von Rainer Brambach. Zürich 1980, S. 190.

Sartre Jean-Paul, Die Wörter. Reinbek bei Hamburg 1983.

Stadler Arnold, Der Tod und ich, wir zwei. St. Pölten 2004.

Walser Martin, „Liebe ist auch Glaubenssache" . Und das Sterben könnten wir uns leichter machen. Ein Gespräch mit Martin Walser über Gott, die Literatur und noch ein paar andere letzte Dinge, in: Die Zeit. 6. Oktober 2011, Nr. 41 sowie www.zeit.de/2011/41/Interview-Walser (Aufruf 9. 9. 2012).

Theologisches

Balthasar Hans Urs von, Was dürfen wir hoffen? Einsiedeln 1986.

Balthasar Hans Urs von, Credo. Meditationen zum Apostolischen Glaubensbekenntnis, Freiburg i. Br. 1996.

Balthasar Hans Urs von, Glaubhaft ist nur Liebe. Freiburg i. Br. 2000[6].

Balthasar Hans Urs von, Kleiner Diskurs über die Hölle. Apokatastasis. Einsiedeln 2007[5].

Balthasar Hans Urs von, Die Antwort des Glaubens. Freiburg i. Br. (Neuausgabe) 2005.

Barth Karl, Dogmatik im Grundriss. Vorlesungen gehalten im Sommersemester 1946 an der Universität Bonn. Zürich 1947[2].

Bauke-Ruegg Jan, Die Allmacht Gottes. Systematisch-theologische Erwägungen zwischen Metaphysik, Postmoderne und Poesie. Berlin 1998.

Busch Eberhard, Credo. Das Apostolische Glaubensbekenntnis. Göttingen 2003.

Calvin Jean, Christliche Glaubenslehre. Erstausgabe der „Institutio" von 1536 (Reformierte Klassiker biblischer Lehre 3). Bonn 2008.

Ebeling Gerhard, Das Wesen des christlichen Glaubens. Freiburg i. Br. 1993.

Hahn August, Bibliothek der Symbolik und Glaubensregeln der Kirche. Hildesheim 1962.

Huber Wolfgang, Der christliche Glaube. Eine evangelische Orientierung. Gütersloh 2008.

Jahr Hannelore, Zur Geschichte des Apostolischen Glaubensbekenntnisses, in: www.evangelische-kirche-bebenhausen.de/texte/Credo-Geschichte.pdf (Aufruf 9.9. 2012)

Jesus von Nazareth. Annäherungen im 21. Jahrhundert (= Herder Korrespondenz Spezial). Freiburg i. Br. 200.

Kasper Walter, Einführung in den Glauben. Mainz 1972.

Keller Zsolt, Der Blutruf (Mt 27,25). Eine schweizerische Wirkungsgeschichte 1900–1950. Göttingen 2006.

Kertelge Karl (Hg.), Der Prozess gegen Jesus. Historische Rückfrage und theologische Deutung (Quaestiones disputatae 112). Freiburg i. Br. 1989².

Kessler Hans, Gott und das Leid seiner Schöpfung. Nachdenkliches zur Theodizeefrage. Würzburg 2000.

Kreiner Armin, Gott im Leid. Zur Stichhaltigkeit der Theodizee-Argumente (Quaestiones disputatae 168). Freiburg i. Br. 1997.

Küng Hans, Einführung in den christlichen Glauben. Das apostolische Glaubensbekenntnis. München 2008.

Laak Werner van, Allversöhnung. Die Lehre von der Apokatastasis, ihre Grundlegung durch Origenes und ihre Bewertung in der gegenwärtigen Theologie bei Karl Barth und Hans Urs von Balthasar. Sinzig 1990.

Matena Andreas, Das Credo. Einführung in den Glauben der Kirche. Paderborn 2009.

Merklein Helmut, Jesu Botschaft von der Gottesherrschaft. Eine Skizze. Leipzig 1989[3].

Nüchtern Michael, Warum lässt Gott das zu? Kritik der Allmacht Gottes in Religion und Philosophie. Frankfurt a. M. 1995.

Ortkemper Franz-Josef, Was wir von Jesus wissen (können). Die Geschichte der Leben-Jesu-Forschung, in: www.kath.de/nd/kmf/akng/tagung99/lebjesu.htm (Aufruf 20. 1. 2009)

Pannenberg Wolfhart, Das Glaubensbekenntnis. Ausgelegt und verantwortet vor den Fragen der Gegenwart. Gütersloh 1979.

Praetorius Ina, Ich glaube an Gott und so weiter ... Eine Auslegung des Glaubensbekenntnisses. Gütersloh 2011.

Rahner Karl, Grundkurs des Glaubens. Einführung in den Begriff des Christentums. Freiburg i. Br. 2008 (Sonderausgabe).

Rainer Michael J. (Red.), „Dominus Jesus“. Anstößige Wahrheit oder anstößige Kirche? Dokumente, Hintergründe, Standpunkte und Folgerungen. Münster 2001.

Ratzinger Joseph, Einführung in das Christentum. Vorlesungen über das Apostolische Glaubensbekenntnis. München 2005[6].

Ratzinger Joseph, Jesus von Nazaret. Erster Teil: Von der Taufe im Jordan bis zur Verklärung. Freiburg i. Br. 2007; Zweiter Teil: Vom Einzug in Jerusalem bis zur Auferstehung. Freiburg i. Br. 2011.

Reinbold Wolfgang, Der Prozess Jesu (Biblisch-theologische Schwerpunkte 28). Göttingen 2006.

Scherzberg Luzia, Grundkurs feministische Theologie. Mainz 1995.

Schlüngel-Straumann Helen, Denn Gott bin ich, und kein Mann. Gottesbilder im Ersten Testament – feministisch betrachtet. Mainz 1996.

Schneider Theodor, Was wir glauben. Eine Auslegung des Apostolischen Glaubensbekenntnisses. Düsseldorf 1985.

Seckler Max, Hoffnungsversuche. Freiburg i. Br. 1972.

Singer Peter, Der Gott des Leidens?, in: http://www.project-syndicate.org/commentary/the-god-of-suffering-/german (Aufruf 9. 9. 2012).

Söding Thomas (Hg.), Das Jesus-Buch des Papstes. Freiburg i. Br. 2007.

Söding Thomas (Hg.), Tod und Auferstehung Jesu. Freiburg i. Br. 2011.

Söding Thomas, Die Verkündigung Jesu – Ereignis und Erinnerung. Freiburg i. Br. 2012.

Söding Thomas, Der Skandal des Kreuzes. Deutungen des Todes Jesu (http://www.ruhr-unibochum.de/imperia/md/content/nt/nt/aktuellevorlesungen/vorlesungsskriptedownload/vlskriptess2012/skript_tod_jesu_ss_2012_rub.pdf. Aufruf 31. 10. 2012).

Sorg Theo, Woran Christen glauben. Das Apostolische Glaubensbekenntnis erklärt für unsere Zeit. Stuttgart 2010.

Strotmann Angelika, Der historische Jesus. Paderborn 2012.

Tettamanzi Dionigi, Unser Credo. Das Glaubensbekenntnis verstehen. Freiburg i. Br. 2005.

Theissen Gerd, Die Jesusbewegung. Sozialgeschichte einer Revolution der Werte. Gütersloh 2004.

Wodtke-Werner Verena, Der Heilige Geist als weibliche Gestalt im christlichen Altertum und Mittelalter. Eine Untersuchung von Texten und Bildern. Pfaffenweiler 1994.

Yong Sung Kim, Theodizee als Problem der Philosophie und Theologie. Zur Frage nach dem Leiden und dem Bösen im Blick auf den allmächtigen und guten Gott. Münster 2002.